Das Praxisbuch zur Reinkarnationslehre

Vergangene Leben für die Gegenwart nutzen

Sabine Guhr-Biermann

Das Praxisbuch zur Reinkarnationslehre
Vergangene Leben für die Gegenwart nutzen

Autorin: Sabine Guhr-Biermann
ISBN 3-934982-15-8
2. Auflage 2002

Umschlaggestaltung: Peter Friedmann, info@entertraining.net
Coverbild: Peter Friedmann, info@entertraining.net
Lektorat Sigrid Siedler
Satz: Libellen-Verlag, info@libellen-verlag.de
Druck: Graphischer Grossbetrieb Pössneck

Inhalt

Vorwort

Wer sich mit der Esoterik, der Lehre Innen wie Außen, beschäftigen will, der wird wohl kaum drum herum kommen, sich auch mit Karma und den Folgen der Wiedergeburt auseinander zu setzen. Gerade das Wissen um die Reinkarnation liefert uns die meisten Erkenntnisse über das jetzige Leben. Immerhin ist dieses Leben, in dem wir uns nun befinden, sehr stark durch die vorherigen geprägt worden. Und würden wir Lösungsansätze für unser jetziges Leben nur im heutigen Bereich suchen, dann würden wir wohl kaum weiterkommen können.

Doch die wenigsten sind sich dessen bewusst, inwieweit frühere Leben in das heutige Lebensmuster einwirken. Sie wundern sich nur, wenn ihnen etwas widerfährt, was sie bewusst noch nicht kennen, was ihnen jedoch sehr vertraut erscheint. Sie spüren und ahnen, dass es sich hierbei um etwas handeln muss, das sie bereits kennen, doch den Blick hinter die eigenen Kulissen wollen die wenigsten wagen. Immerhin ist die Angst vor dem Ungewissen, vor dem Unbekannten besonders groß. Wäre es allgemein bekannt, dass wir karmische Prägungen haben, mit denen wir uns automatisch auseinander setzen müssen, dann würden sich auch vielmehr Menschen trauen, in ihre eigene innere Welt einzutauchen. Dieses Wissen wird jedoch so selten genutzt, weil die meisten unwissend sind oder versuchen, diesen doch so wichtigen Aspekt der karmischen Auswirkung zu umgehen.

Denken Sie nun nicht, dass diese Menschen Angst vor den Auswirkungen ihres Karmas und somit unbedingt etwas zu verbergen hätten. Nein, darum geht es ihnen wirklich nicht. Allein die Angst, einen Blick in das Ungewisse zu werfen, ist zumeist übergroß und darf von daher nicht unterschätzt werden. Ist uns das bewusst, dann können wir es wenigstens wagen, genauer hinzugucken. Natürlich werden wir bei unserer eigenen Recherche auf Themenbereiche treffen, die wir nicht unbedingt willkommen heißen wollen. Doch was nützt es uns, die Dinge, die sich eh in uns als Information befinden, zu verdrängen. Das, was mal gewesen ist, ist immer noch da, damit wir lernen, anders damit umzugehen und nur deswegen sollten wir uns unser Karma - also unsere offenen Rechnungen - genauer anschauen, damit wir klar erkennen, worum es in unserem Leben wirklich geht.

Ich selbst habe mich sehr viel mit meinem Karma beschäftigt und weiß fast alles, was ich vorher gelebt habe. Mir hat es eine wahnsinnig tiefe Weite der Erkenntnis gebracht. Ich habe gelernt mit all den in mir befindlichen, karmischen „Macken" umzugehen. Doch für mich war es auch unerlässlich, mich mit meinem Karma so stark auseinander zu setzen, da ich ansonsten wieder Gefahr lief, dieselben Fehler noch einmal aus Dummheit und Unwissenheit zu begehen. Wie gesagt, mir hat es weitergeholfen und ich bin mir sicher, dass jeder Mensch, der sich näher kennen und viel mehr Weite in seinem Leben erlangen möchte, dies auch kann. Und genau aus diesem Grund habe ich dieses Buch geschrieben. Ich möchte Ihnen die Unwissenheit bezüglich der Gesetze der Reinkarnation und des Karmas näher bringen, damit das Ungewisse sein unbekanntes Gesicht verliert. Von daher werden Sie in diesem Buch jede Menge Erklärungen, Hinweise, Beispiele und auch Übungen finden, die Sie nach Belieben nutzen können.

Nun wünsche ich Ihnen ein gutes Erleben in der Welt der Reinkarnation, die hoffentlich nicht ewig währt.

Die Autorin

Einleitung

Wir alle leben nicht nur einmal, sondern haben schon viele Leben hinter uns gelassen. Leben, die ganz anders aussahen, als das, was wir jetzt leben. Doch tief im Inneren wissen wir es alle. Wir wissen genau, was wir gelebt haben. Alle Daten, die für uns noch wichtig sind, haben wir abgespeichert und können sie jederzeit wieder nach vorne in unser Bewusstsein holen. Wir haben alle inneren Tore geöffnet, müssen uns nur trauen, den Blick hinter die eigenen Mauern zu werfen. Wie eben schon gesagt, kann ich nur jeden ermutigen, sich zu trauen und zu hinterfragen, was denn der karmische Sinn seines jetzigen Lebens ist. Doch gehen wir dafür erst einmal ein paar Schritte zurück und schauen uns an, warum wir überhaupt inkarnieren - also ins „Fleisch/eine materielle Form eintreten".

Wenn wir uns Gott/das göttliche Licht betrachten, welches als alleine Energieform überhaupt existiert, dann könnten wir uns berechtigterweise fragen: Warum wir überhaupt inkarnieren müssen! Wahrscheinlich wird es fast allen Philosophen schwer fallen, diese Frage zu beantworten. Ich persönlich kann mir nur eine Erklärung geben, die jedoch, das muss ich zugeben, ein wenig lächerlich klingt. Und trotzdem, egal wie oft ich darüber nachgedacht habe, bekomme ich immer wieder dieselbe Antwort: Es handelt sich um eine Art Wette, nach dem Motto: „Mal schauen, wie sich so viele kleine Individuen miteinander verhalten." Dass ein solches Chaos, eine solche Zerstörung daraus entstehen würde, damit hat meines Erachtens keiner gerechnet. Aber bitte, dies ist meine persönliche Meinung, die ich nicht belegen kann. Doch ich kann Ihnen sagen, wie ich darauf komme. Wenn wir uns vor Augen führen, dass wir im Grunde genommen alle gleich sind, dann liegt dieser Gedanke doch nahe.

Immerhin tragen wir alle einen göttlichen Kern in uns, somit ist die Ursubstanz aller Lebewesen vom Ansatz her gleich. Jedoch haben wir für das Leben unterschiedliche Energiezufuhren bekommen. Man könnte dies auch astrologisch als eine andere Konstellation beschreiben und diese andere Energieform lässt uns ein anderes Bewusstsein erleben. Wir leben somit auf der irdischen Welt mit unseren ureigensten Prägungen und Vorstellungen. Letztlich, da wir vom Kern her gleich sind, müssten wir jedoch alle prima miteinander klarkommen, gäbe es da nicht die Aspekte: Neid, Missgunst, Gier und daraus resultierend Leid, Trauer, Opferdasein. Wir könnten die Liste noch beliebig erweitern. Doch eins ist sicher, die meisten Menschen leben nach diesen Prinzipien, sind sich aber absolut nicht sicher, warum.

Wenn wir noch einmal von der These ausgehen, dass wir alle vom Kern aus gleich sind, dann können wir uns nur wundern, wie unterschiedlich die meisten sein wollen. Und wenn wir uns dann noch das Paradies nach dem Prinzip der Adam-und-Eva-Dynastie anschauen, dann ist uns auch schnell klar, dass es die Schlange, die Versuchung war, die beide aus der Einheit, aus dem Paradies gelockt hat. Doch was symbolisiert die Schlange? Wissen und Begierde? Natürlich haben wir Menschen sofort die Polarität zu spüren bekommen. Immerhin gibt es schon alleine den Unterschied männlich und weiblich. Doch nicht nur unser Geschlecht ist unterschiedlich, sondern alle unsere Teilenergien sind teils männlich und teils weiblich. Solange wir uns noch in der Obhut des göttlichen Lichts - Paradiesgarten - befunden haben, waren wir in Einheit, nur unser Leben war, symbolisch betrachtet, langweilig. Deshalb die Versuchung und das Loslassen der Kontrolle - Paradiesgarten. Nun konnten Adam und Eva ihre eigenen Wege der Erkenntnis finden. Und wenn wir uns das weiter anschauen, dann werden wir sehr schnell erkennen können, dass wir alle irgendwann die Obhut verlassen haben. Zumeist haben wir uns dann ein wenig verirrt.

Doch was ist der Paradiesgarten symbolisch betrachtet? Es ist der Schutz Gottes, des allumfassenden Lichts. Und seien Sie sich sicher, Sie können jederzeit dorthin zurückkehren, in Mutters Schoß, und sich in Liebe und Gottvertrauen wiegen lassen. Wir alle können uns aus dem „Nest" trauen und der Versuchung folgen, doch sollten wir immer wieder den Weg zu Gott, dem Licht finden. Leider gibt es viele Seelen, die sich vom Göttlichen immer weiter entfernt haben. Seelen, die meinen, selbst Gott zu sein und über andere richten zu dürfen. Natürlich stimmt es, dass wir einen göttlichen Kern in uns tragen, der uns auch am Leben erhält, doch das erlaubt uns bei weitem nicht zu behaupten, wir wären Gott. Nein, wir sind nur ein Teil von ihm und dürfen unser Leben leben.

Doch was passiert mit Menschen, die sich größer machen wollen, als sie in Wirklichkeit sind. Sie werden andere unterdrükken, um an deren Energien zu kommen. In manchen Religionen wurden Menschenopfer erbracht, in der Hoffnung, den göttlichen Lichtkern des anderen auch noch zu erhalten. Nach dem Motto, wenn ich zwei Lichtkerne habe, dann bin ich mehr wert, als wenn ich, wie jeder Sterbliche, nur einen habe. Doch glauben Sie mir, wir können höchsten einen Körper töten und einen Teil der Energie des anderen zu eigenen Zwecken nutzen, doch können wir keine Seele - göttlichen Kern - eines anderen besitzen. Gott, der Allmächtige, wacht über alles, und wenn ihm das, was wir leben, nicht mehr gefällt, dann wird er sich von der Geißel Mensch lösen und alle Lebenslichter wieder zurückordern. Denn diese Macht hat er. Wir sind alle nur kleine Lebenslichter auf der großen Bühne des Seins. Spielen dürfen wir unser Leben nach den kosmischen Bestimmungen und unseren Bedingungen und wir haben einen großen Spielraum, in dem wir uns bewegen dürfen. Je mehr wir jedoch versuchen sollten, uns unsterblich zu machen, desto weniger werden wir dies erreichen können, dessen sollten wir uns sicher sein.

Nun gut, wenn Gott, das Licht, sich doch jederzeit einmischen kann, dann stellt sich die Frage: Wieso kann auf der Welt so viel Leid geschehen, bei dem er nicht eingreift? Eine Frage, die aus unserer Sicht berechtigt ist. Gehen wir dieser Frage nach, dann werden wir sehr schnell erkennen, dass wir letztlich nach menschlichen Gesichtspunkten denken und von Gott erwarten, dass er sich um die Ungerechtigkeit im Leben kümmert. Doch warum sollte er das tun? Wir selbst haben die Welt so erschaffen, wie sie nun ist. Wir selbst haben uns in Opferhaltungen begeben. Wir selbst haben uns gestraft und auch andere unterdrückt. Wir, die Menschen, erschaffen das Leid. Warum sollte Gott sich einmischen und gerade dann, wenn wir ihn darum nicht gebeten haben? Wie sollen wir lernen, mit unserem hohen Gut des Lebens, das wir geschenkt bekommen haben, umzugehen, wenn wir alles häppchenweise serviert bekommen? Wir müssen schon lernen, uns mit dem zu begnügen, was wir haben, ohne auf den Teller des anderen zu schielen. Immerhin sind wir alle nur kleine Wesen auf der großen Bühne des Lebens.

Je mehr wir uns aus dieser Perspektive heraus betrachten, desto klarer werden uns unsere Verhaltensmuster. Nun stellt sich immer noch die Frage: Warum haben wir Menschen uns so verstrickt? Warum können wir nicht in Frieden miteinander leben? Wir alle sind doch im Grunde genommen gleich. Warum können wir uns dann nicht einfach aneinander erfreuen? Der Neid, die Missgunst, das besondere Wichtigsein, die Macht ist es, was die Menschen nicht schlafen lässt. Sie wollen mächtiger sein, als der andere und damit das gelingt, suchen sie sich Schwächere, mit denen sie kämpfen können, nur um zu siegen. Und jede Siegestrophäe bringt ihnen ein Stück mehr Macht, so denken sie zumindest. Das ist einer der Gründe, warum wir uns alle im Laufe der Inkarnationen so verstrickt haben. Doch nun ein wenig weg von der Theorie und ein bisschen hin zur Praxis. Schauen wir uns das Ganze genauer an.

Am Anfang unserer Inkarnationsphase müssen wir also relativ komplett gewesen sein - ein Ganzes, welches die Unterscheidung zwischen männlichen und weiblichen Prinzipien kannte. Doch mit der Zeit und ohne den göttlichen Schutz/Paradiesgarten entwickelten wir uns unterschiedlich. Hauptsächlich die männlichen und weiblichen Aspekte in uns teilten sich auf. Und somit entstanden sehr viele Pro- und Kontra-Rangordnungen in uns, welche alleine den Zweck verfolgten, besser zu sein als der andere. Wir wuchsen von einem Extrem zum anderen, vom Matriarchat hin zum Patriarchat, ohne daran zu denken, dass wir beides brauchen, um uns leben zu können. Wir sollen das Leben mit all seiner Vielseitigkeit nutzen und schätzen lernen. Das können wir jedoch nur, wenn wir auch beide Verhaltensmuster kennen. Die Kunst des Lebens besteht nun darin, all das, was wir in uns tragen, auch wertzuschätzen und zu lieben. Je klarer uns das wird, desto einfacher können wir damit leben und auch mit den entsprechenden Verhaltensmustern umgehen. Wir brauchen die Vielseitigkeit des Lebens, um all das, was es gibt, betrachten zu können. Tun wir das nicht oder beschäftigen wir uns nur mit einer Randgeschichte, dann fehlen uns viele Lebens- und auch Lernaspekte. Doch gerade Menschen, die im inneren Kampfgeschehen leben, sind kaum in der Lage, die Würze des Lebens kennen zu lernen. Sie richten all ihre Energien auf einen Punkt, doch da gehören sie bei weitem nicht hin. Das Ziel und die Aufgabe sind nun klar: Gezielt den Stufen des Lebens zu folgen und darüber einen anderen Punkt der Stabilität zu finden.

Wenn wir uns nun genauer mit der Kluft zwischen den weiblichen und männlichen Attributen auseinander setzen, dann können wir auch sehr schön die Machtspiele, die uns umgeben, erkennen. Wir erkennen dann, dass es letztlich im Kriegsgeschehen nur um Macht- und Ohnmacht geht. Also um ein Spiel, dem wir Folge leisten, dem wir jedoch bei weitem nicht folgen sollten. Wir sind polar. Und diese Urkomponenten drücken sich im Geschlecht aus. Und alles, was wir sehen, können wir in weibliche und männliche Komponenten umsetzen. Wir sehen dann, um was es letztlich geht. Doch die Akzeptanz des anderen ist des Rätsels Lösung. Nur leider hat sich das Akzeptieren sehr gewandelt und mehr hin zum Zwang, also in die andere Richtung entwickelt. Das heißt, die meisten wollen andere in ihre Richtung bewegen, da sie meinen, ihre eigene Meinung vertreten zu müssen. Und alleine aus diesen Prinzipien heraus hat sich die Politik entwickelt. Einer oder mehrere haben die Macht und das Sagen und bestimmen somit über die anderen, die Entmündigten, die sich der Entscheidung der Politiker stellen sollen. Und da wir alle nur Menschen sind, wird es auch immer wieder Fehler geben. Und all die, denen Fehler unterlaufen, sollten auch dazu stehen, denn fehlerfrei ist niemand. Und all die anderen, die über sich bestimmen lassen, die ihre Verantwortung für ihr Leben abgegeben haben, die müssen auch akzeptieren, dass es immer wieder Aspekte geben wird, die ihnen nicht behagen. Doch wenn wir Verantwortung abgeben, dann müssen wir auch mit dem leben, was uns geboten wird. Wir können nicht einfach in einer anderen Erwartungshaltung stehen, nur weil uns das, was uns dann vorgesetzt wird, nicht mehr passt. Nein, wir müssen uns der Situation stellen, das ist unsere Aufgabe, der wir letztlich folgen müssen. Somit nützt auch kein Gezeter, sondern nur das Aktivwerden. Will ich etwas so nicht haben, wie es ist, dann muss ich mich dafür einsetzen, dass eine Änderung eintreten kann. Alles andere wäre falsch.

Doch die meisten, die Verantwortung abgegeben haben, sind sauer auf das, was sie vorgesetzt bekommen. Nun schauen wir uns einmal die Geschichte ein wenig genauer an und nehmen dazu ein Beispiel heraus, das letztlich einen großen Urkern der Entmündigung, die wir teils heute noch erleben, darstellt. Früher bestellten viele Menschen/Bauern ihr Land selbst. Sie kümmerten sich um alles, damit sie am Leben bleiben konnten. Doch der Staat meinte damals schon Steuern eintreiben zu können, ohne eine allzu große Gegenleistung erbringen zu müssen. Das hatte dann zur Folge, dass sich einige gegen diese Ausbeutung auflehnten. Der Staat bzw. die Staatsoberhäupter jedoch lebten gut mit dem Geld, für das sie wenig tun mussten. Letztlich wurde hier schon die Saat für die Entmündigung gelegt. Denn immer mehr Menschen mussten sich der Gewalt beugen und verloren sogar ihr Land dadurch, das ihnen zumeist schon seit Generationen gehörte. Auch die Gewalt der Inquisition hatte kein anderes Ziel, als sich über den Ruf der Zerstörung, der angeblichen Hexerei, Zugriff zu den Gütern der so genannten „Gotteslästerer" zu ermöglichen und sich somit zu bereichern. Hatte jemand großes Ansehen, dann war er zumeist geschützt. Doch entdeckte die Kirche auch nur die kleinste Lücke und konnte denjenigen der Hexerei beschuldigen, dann wurde die Familie ausgelöscht und all das Land, Hab und Gut flossen der Kirche und somit auch dem Staat zu. Diese ganze Epoche ging über ca. 300 Jahre und Sie können sich bestimmt vorstellen, wie die Kirche und auch der Staat ihre Macht erlangten. Natürlich gab es immer weniger Eigentümer, die sich dagegen wehren konnten. Das ist Geschichte und auch heute noch gültig, auch wenn kaum einer darüber reden mag.

Gehen wir wieder in die heutige Zeit: Da die Menschen im Normalfall arbeitstüchtig sind, haben sie auch weiterhin einiges aufgebaut. Nun, weniger zu ihrem eigenen Nutzen, als vielmehr zum Nutzen anderer. Denn jetzt bekommt der Staat noch viel mehr Steuern. Und auch Eigentümer erschaffen sich wieder ihre Häuser, nur dass dies alles sehr mühsam ist. Letztlich gehen wir dazu über, mehr Eigenverantwortung zu übernehmen, um somit aus der Entmündigung zu entfliehen.

Dies ist nur ein kleiner Ausschnitt und wir könnten noch unzählige finden, in denen es eindeutig um das Macht- und Ohnmachtspiel geht. Der eine hat etwas, was der andere haben will. Und je mehr der andere es haben will, desto mehr wird er sich einfallen lassen, um auch daran zu kommen. Doch gestohlenes oder erbeutetes Gut wird keinem Glück bringen, und von daher sind die meisten Seelen auf der Suche nach ihrem wahren Kern, dem inneren Glücksgefühl. Materie, die feste Form, die uns umgibt, ist dabei eigentlich unwichtig.

Denken Sie einmal darüber nach: Wir können unseren Körper zerstören. Wir können uns Schmerzen zufügen. Wir können uns auch emotional verletzen. Doch unser innerer Kern, unser innerer göttlicher Funke lässt sich nicht zerstören, der lebt in seiner Harmonie ewig. Und die Kunst des Lebens und auch der Inkarnation besteht nun alleine darin, sich dem Leben zu stellen, auf sich selbst Acht zu geben, damit einem kein Schaden widerfahren kann. Denn jede Schädigung bildet neues Karma. Und da wir uns davon lösen möchten, müssen wir auch darauf achten. Immerhin können wir nur einem Täter begegnen, wenn wir auch einem Täter begegnen wollen. Wir haben immer und jederzeit die Schlüssel für unser eigenes Leben in unseren Händen, nur dass uns das zumeist nicht bewusst ist. Somit müssen wir uns nur mit unseren Wünschen und vor allen Dingen unseren Glaubenssätzen/Aufträgen beschäftigen, damit wir erkennen können, wie wir uns einst selbst programmiert haben.

Das mag sich jetzt für Sie vielleicht ein wenig zu einfach anhören. Doch wenn Sie einmal den Blick auf die Astralebene richten, um zu erkennen, dass wir, die wir gerade nun inkarniert, also in einem Körper sind, eher tot als lebendig erscheinen, dann macht diese These Sinn. Wenn wir irgendwo hinfahren wollen, dann müssen wir uns mitsamt unserem Körper dorthin begeben. Wir sind somit sehr belastet und müssen uns allen Situationen mit unserem Körper, unserer Seele und unserem Geist stellen. Wir können nicht einfach mit unserem Astralkörper irgendwo hinfliegen, nein, wir müssen alles real erleben. Auch Karmaabbau funktioniert nur über dieses Prinzip. Wir können uns nur von karmischen Belastungen wieder lösen, wenn wir uns in einer Inkarnation befinden. Somit müssen wir inkarnieren, uns den alten Themen stellen, uns an alte Schmerzen erinnern, damit wir diese endlich in uns ausheilen können. Sind wir in einem Leben, dann vergessen wir zumeist, worum es uns geht. Doch auf der Astralebene, da sind wir frei. Da können wir uns entwickeln und holen uns alle Informationen, die wir brauchen. Dort sind wir lebendig und lebenslustig. Und auf Erden, da müssen wir uns um alles kümmern und lernen, mit unserer Wahrheit umzugehen. Wir müssen anerkennen, wer wir sind und Verständnis für uns und unsere Taten entwickeln. Und damit werden wir uns gleich eingehender beschäftigen.

Die Inkarnationsebenen

Bevor wir uns näher mit dem Thema Reinkarnation auseinander setzen, sollten wir zuerst einmal darüber nachdenken, welche Ebenen der Inkarnation es überhaupt gibt. Eine kosmische Regel besagt: Alles das, was beseelt ist, lebt und trägt somit den „Hauch Gottes“ in sich. Und wenn wir uns einmal umschauen, dann erkennen wir, dass nicht nur Menschen eine Seele - also den Funken Gottes - in sich tragen, sondern auch Tiere. Sogar Pflanzen haben eine Seele und Mineralien auch. Wir können uns natürlich schwer vorstellen, wie es ist, als Stein „geboren“ zu sein. Doch, sich vorzustellen, in einen Stein hineinzugleiten und ihn lebendig werden zu lassen, das geht schon eher. Immerhin gibt es Steine, die einem wirklich das Gefühl vermitteln, in einer gewissen Art und Weise zu leben. Diese Vorstellung wird uns bestimmt ein wenig schwer fallen. Einfacher könnten wir uns in das Wesen einer Kuh hineindenken und schauen, was ein solches Dasein alles mit sich bringt. Ja, Sie lesen richtig, auch eine Kuh hat eine Seele. Dann stellt sich natürlich direkt die Frage, ob es sein könnte, dass wir nach diesem Leben als Kuh neu geboren werden? Antwort: Ja und zwar dann, wenn wir diese Inkarnation und somit das Leben einer Kuh für unsere eigene Entwicklung brauchen sollten.

Schauen wir uns Tiere genauer an: Sie leben im Ist-Zustand und sind auf ihre „Person“ bedacht. Dieses Realitätsverhalten kennen viele von ihren Lieblings- und Haustieren. Gerade der Hund ist dem Menschen gut gesonnen und an ihm können wir sehr gut erkennen, wie Tiere funktionieren. Tiere leben stets im Ist-Zustand. Erlebnisse werden zumeist schnell verarbeitet und nur wichtige Informationen speichern sie als gebildete Struktur in sich ab. Sie gehen von der Erfahrung aus, dass sie das, was sie brauchen, auch bekommen werden. Somit leben sie nach ihrem Urinstinkt, der sie direkt auf Nahrung, aber auch auf Gefahren hinweisen wird. Schon kurz nach der Geburt sind sie zumeist direkt auf sich selbst gestellt. Sie leben instinktiv und gehen Verhaltensmustern nach, die ihnen angeboren sind. Und wenn wir uns schon mit dem Thema Fressen und Gefressenwerden auseinander setzen, dann können wir erkennen, dass sich Tiere ergeben, wenn es für sie an der Zeit ist. Denn sollten sie eine wichtige Funktion in der Nahrungskette übernommen haben, dann werden sie sich auch dem fügen. Immerhin ist das Karma eines Tieres wenig belastet. Das Tier lebt nach seiner Bestimmung und fügt sich den Dingen des Lebens.

Ganz anders der Mensch, der immer meint, alles unter Kontrolle haben zu müssen. Der sich stets seine gewünschte Zukunft vor Augen führt, zumeist gepaart mit dem Schmerz der noch nicht bewältigten Vergangenheit. Und dies lässt ihn selten erkennen, wohin sein Weg ihn führen wird. Oftmals übersieht er sogar vor lauter Gram seine nahe liegende Zukunft. Unsere Spezies lebt mehr in anderen Bewusstseinsformen als in der Gegenwart und das ist das Problem. Solange wir denken, dass wir so und nicht anders sein müssen, solange wird es für uns schwer sein, der selbst auferlegten Rolle gerecht zu werden. Wir versuchen dann, unseren inneren Bildern und der auferlegten Rolle gerecht zu werden, was jedoch keine gute Basis für ein eigenständiges Leben sein kann. Wenn wir uns das aus dieser Perspektive betrachten, dann können wir sehr gut erkennen, dass aller Stress, den wir erleben, alleine in unserem Kopf stattfindet und mehr nicht. Wir bringen unser eigenes Ordnungssystem durcheinander, da wir uns permanente Impulse liefern, die uns eher verwirren, als uns eine klare Basis zu liefern. Wir erleben dann im wahrsten Sinne des Wortes eine Reizüberflutung und solange das der Fall ist, wird es uns schwer fallen, uns zu sortieren, um klar zu entscheiden, was wir wollen.

Doch auch wir leben kurz nach der Geburt im Ist-Zustand. Doch je älter wir werden, desto mehr Einflüsse, die wir zumeist nicht direkt verarbeiten können, erreichen uns und das lässt uns den Blick auf andere Ebenen lenken. Je mehr wir uns jedoch mit all den Anforderungen, die an uns gestellt werden, stark auseinander setzen und versuchen diesen Bildern gerecht zu werden, desto mehr werden wir von unserem ursprünglichen Bewusstsein abgleiten und das ist unser Problem. Wir leben dann mehr in anderen Zeitebenen als in der, die wir gerade erleben. Doch je weniger wir uns im Ist-Zustand befinden, desto weniger werden wir auch verarbeiten können. Denn Aufräumen, das können wir nur, wenn wir uns auch im aktuellen Zustand aufhalten und im Jetzt, Hier und Heute leben. Wenn uns das bewusst ist und wir wieder lernen, uns mit der Gegenwart anzufreunden, dann können wir mit unserem Leben viel einfacher umgehen. Immerhin können wir nur Wandlungen vollziehen, wenn wir den Ist-Zustand akzeptieren und erst dann können wir ihn auch jederzeit verändern.

Tiere leben da in einem anderen Bewusstsein. Und wir Menschen sollten uns ihre Verhaltensweisen ruhig ab und zu vor Augen führen, damit wir einiges für uns selbst erkennen können. Denn wenn wir uns die Tierwelt genauer anschauen, dann werden wir vieles über unser eigenes Leben erfahren. Wir sollten nicht vergessen, wir holen uns immer das, was wir brauchen, damit wir uns leben können. Sollten wir somit seit Inkarnationen damit beschäftigt sein, immer im Dauerstress zu leben, dann kann es sehr wohl sein, dass wir zwischendurch eine Tierinkarnation wählen, um dieses Manko aufzufangen. Und trotzdem, wir können normalerweise davon ausgehen, dass auch wir schon Tierinkarnationen durchlaufen haben. Sollten wir jedoch, egal aus welchen Gründen, eine solche Inkarnation erneut brauchen, dann werden wir uns darum kümmern und vielleicht im nächsten Leben entsprechend inkarnieren. Nun schauen wir uns die Fauna-/Pflanzenwelt an.

Die Pflanzenwelt

Auch Pflanzen haben eine Seele. Das merken wir daran, dass gerade Zimmerpflanzen sehr stark auf ihre Bewohner reagieren. Sie sind somit nicht mit allen Menschen kompatibel. Pflanzen sind auch dazu da, die Luft und die Energien zu reinigen. Ohne Pflanzen könnten wir nicht leben. Und so sollten wir sie auch entsprechend gewichten. Sie sind für uns wichtig und wir für sie. Leben wir in Frieden mit den Pflanzen, dann bleibt uns unsere Welt noch einige Zeit erhalten. Zerstören wir jedoch das Gleichgewicht, dann werden wir bald Probleme haben, die wir uns jetzt noch nicht vorstellen können. Doch wann es so weit ist, dass das Gleichgewicht zerstört ist, das ist schwierig zu sagen. Wir sollten wissen, dass verschiedene Pflanzen sich an bestimmten Plätzen der Erde befinden, damit sie dort für die Verbundenheit zwischen der Erde und dem Kosmos sorgen können. Würden wir diese Verbindung durchbrechen, dann würde die Natur gravierend durcheinander gewirbelt werden und das würde bedeuten, dass wir mit mehr Umweltkatastrophen zu rechnen hätten. Wir alle können dafür Sorge tragen, dass das nicht passiert. Wenn wir selbst bewusster mit der Fauna umgehen, dann werden es andere nachmachen. Denken Sie einmal darüber nach.

Doch nähern wir uns unserem Thema wieder und stellen uns sehr alte Bäume vor. Diese zum Teil riesigen Giganten brauchen lange, bis sie erwachsen und auch ausgewachsen sind. Und durch diese lange Lebensdauer haben sie auch ein stark ausgeprägtes Eigenleben. Das heißt, sie reagieren entsprechend stark auf ihr Umfeld. Ein Baum, der schon lange lebt, lässt auch seine Umgebung spüren, welche Aspekte er in sich trägt. Somit ist er nicht zu unterschätzen. Denken Sie an Bäume, die in der

Nähe Ihres Hauses stehen. Ein Baum kann ein Haus schützen und ihm Frieden geben oder aber auch Unruhe. Wenn ein Baum auf einer Ader steht, erkennt man es daran, dass er schief wächst. Ein Baum kann uns Kraft und Stärke geben, wenn wir uns an ihn anlehnen. Somit haben wir nicht nur die Freude, dass er unsere Luft auf seine Art und Weise reinigt, sondern er ist ein Kraftspender für alle Lebewesen, die sich auf ihn einlassen wollen.

Nun stellen Sie sich einmal vor, wie es für Sie wäre, wenn Sie als Baum inkarnieren würden? Was meinen Sie, würden Sie empfinden? Sie müssten standhaft mit einem hohen Maß an Geduld der Aufgabe Ihres Lebens entsprechen. Doch was ist, wenn Sie als Mensch der absolute Hibbel sind, der sich nicht dauerhaft an einem Ort aufhalten kann. Als Baum könnten Sie nicht weglaufen, also würden Sie lernen, standhaft zu sein. Und trotzdem, ich glaube, Sie wären auch hier ein Unruhegeist, den man entsprechend spüren würde. Wenn Sie die Inkarnation eines Baumes aus dieser Perspektive betrachten, dann können Sie bestimmt nachvollziehen, dass es hin und wieder Seelen gibt, die eine Inkarnation als Baum brauchen, nur um beispielsweise ihre Standhaftigkeit zu überprüfen.

Die Mineralienwelt

Auch Steine sind teilweise beseelt und können durch ihre Stärke und Kraft viel zum Ausdruck bringen. Immerhin stehen Steine für die Stabilität des Lebens. Und viele Menschen mögen Steine sehr. Sie tragen Edelsteine als Schmuck gefasst und bewundern sie. Sie bauen ihre Häuser oftmals aus Stein. Oder aber auch werden Steine in Gärten als Zierde ausgelegt. Viele Menschen sammeln auch Steine am Ufer eines Flusses. Und fast jeder Mensch fasst Steine gerne an.

Der Stein steht als Symbol für die Standhaftigkeit und viele Menschen wissen das unbewusst und nutzen die Kraft der Steine. Auch die Heilkraft von Edelsteinen ist mittlerweile einigen bekannt. Ob die Steine dafür nur angefasst, auf den Körper gelegt oder zermahlen als Medizin oder aber als Salbe verwandt werden, ist dabei egal. Menschen machen sie seit vielen Jahrhunderten nutzbar und es ist kein Ende in Sicht. Steine erden und bringen uns sanft auf den Boden der Tatsachen zurück. Und sollten wir einmal traurig sein, da unser Leben nicht so verläuft, wie wir uns das erhofft haben, dann kann ein Stein in unserer Hand uns den Schmerz ein wenig nehmen. Denn Steine befreien von negativ geladener Energie, nehmen somit etwas auf und geben zeitweise auch wieder etwas ab. Also sollten wir jeden Stein, den wir nutzbar gemacht haben, auch hin und wieder reinigen, indem wir ihn von Regenwasser oder fließendem Wasser in der freien Natur säubern lassen.

Wir sehen, wir können viele Inkarnationsschichten durchlaufen. Ganz so, wie wir es brauchen. Nun stellt sich die Frage: Wer entscheidet, wann wir in welche Art von Inkarnation eintreten müssen. Auch das schauen wir uns nun genauer an. Doch bevor wir das tun, gebe ich Ihnen noch einen Tipp: Machen Sie doch einmal eine Meditation bezüglich der vier Elemente und durchlaufen alle Ebenen, die sie kennen. Sie können das Feuerelement durchleben, indem Sie sich gedanklich in ein Feuer legen und die Kraft des Feuers spüren. Natürlich suggerieren Sie sich, dass dieses Feuer Ihnen nur Gutes tun kann. Dann tauchen Sie in einen See ein. Natürlich können Sie im Wasser atmen. Sie finden dort eine Schatztruhe, die für Sie einen Inhalt bereithält. Dann gehen Sie zu einer Felslandschaft, lehnen sich an und versteinern ein wenig. Auch nach diesem Erlebnis lösen Sie sich wieder und begeben sich in die Lüfte, indem Sie wie ein Vogel durch die Lüfte segeln. Dann landen Sie wieder frisch erholt auf dem Boden der Tatsachen. Sie können diese Übung öfter wiederholen, so wie es Ihnen beliebt.

Das Leben nach dem irdischen Tod

Was passiert mit uns, wenn wir sterben? Um diese Frage zu beantworten, müssen wir erst einmal eine Unterscheidung zwischen Körper, Seele und Geist vornehmen. Wir bestehen aus mehreren Schichten, die eine unterschiedliche Gewichtung für uns haben, ganz so wie es uns beliebt. Schauen wir uns die Grobunterteilung an. Der Körper ist eine feste Hülle, die wir brauchen, damit wir uns überhaupt auf der materiellen Ebene bemerkbar machen können. Somit brauchen wir diesen Körper auch nur solange, wie wir uns in einer Inkarnation befinden. Auch der Körper regeneriert sich schichtweise immer wieder neu, damit er überhaupt ein hohes Alter erreichen kann. Wichtig ist jedoch, dass wir ihn pflegen und uns regelmäßig um ihn kümmern.

Dann haben wir einen emotionalen Körper, ähnlich der Seele. Hier erfahren wir emotionale Berührungen und das lässt uns mit vielen energetischen Ebenen in Kontakt kommen. Je klarer wir dies tun, desto besser für uns. Die Seele umhüllt den Kern, den Geist, im Grunde genommen einen Funken Gottes, der sich in uns befindet und der uns am Leben erhält. Eigentlich ist das das Teil, welches immer leben wird. Alles andere ist aus ihm heraus entstanden und somit auch vergänglich. Doch unser Lebenslicht, das wird ewig leben. Eines Tages werden wir alle wieder eins und mit Gott verschmolzen sein, doch bis dahin ist es wahrscheinlich, aus unserer irdischen Zeitrechnung heraus betrachtet, noch ein weiter Weg.

Der Geist wird somit von der Seele ummantelt, die wiederum vom sichtbaren Körper umfasst wird. Die Aura, die den Körper umgibt, ist mit der Seele verbunden. Doch eine Seele würde niemals in einem Körper behaftet sein, dafür braucht sie einen weiteren Körper und zwar einen Astralkörper, der den Verbund Körper, Seele und Geist zusammenhält. Der Astralkörper besteht zumeist aus mehreren Schichten. Jede Inkarnation, die wir noch nicht abgeschlossen haben, ist astral sichtbar und somit im Astralkörper gespeichert. Nur Wesen, die eine solche Körperform haben, die wollen noch inkarnieren, also ins „Fleisch treten“. Der Astralkörper ist somit eine Körperform, die dem materialisierten Körper ähnlich ist. Zumeist sind in diesem Astralkörper all die Informationen gespeichert, die wir für unser Leben brauchen. Je mehr Kontakt wir mit unserem inneren Licht haben, desto zufriedener können wir mit unserem Leben verfahren. Der Astralkörper speichert auch alle Verletzungen, die wir uns in einer Inkarnation zuziehen. Müssen wir eines Tages nicht mehr inkarnieren, dann werden wir auch keinen Astralkörper mehr besitzen.

Sind wir zum Beispiel in der Tiefschlafphase, dann verlässt unser Astralkörper den Körper, damit dieser sich überhaupt richtig entspannen kann. Der Körper braucht die Ruhe und auch den Schlaf, die Seele braucht das nicht. Diese begibt sich dann zumeist auf die Astralebene, um dort einige Aufgaben zu erledigen. Der Astralkörper bleibt jedoch mit dem Körper im Verbund und zwar solange der Körper leben soll. Befindet sich der Mensch in der Abschlussphase seiner Inkarnation, dann wird die Verbindung zwischen dem Astralkörper und dem Körper immer dünner, bis sie eines Tages reißt. Dann löst sich die Seele mit dem Astralkörper vom Körper ab. Der Körper trägt kein Leben mehr und stirbt. So, wie er sich einst aufgebaut hat, so wird er auch wieder vergehen.

Doch was passiert, wenn sich der Astralkörper vom Körper löst? Dann stirbt der Körper ab und die Inkarnation muss beendet werden. Dies kann jedoch nur im Verbund mit einem Lichtwesen passieren. Stellen Sie sich einmal vor, dass Sie, solange Sie inkarniert sind, bestimmte Lernthemen als Aufgabe haben. Sie werden mit all den Dingen beschäftigt sein, die Sie auch haben wollten - natürlich bezieht sich das Wollen zumeist auf unser Unterbewusstsein. Wenn der Körper stirbt, dann ist auch der Astralkörper befreit von den Aufgaben der Inkarnation und dann muss ein Abschluss geschaffen werden. Dafür begegnet die Seele/der Astralkörper einem Lichtwesen, das zumeist kurz nach dem Sterben des Körpers erscheint. Lässt die Seele sich auf den Verbund ein, dann wird sie zusammen mit dem Lichtwesen ihr ganzes Leben noch einmal wie in einem Film durchlaufen. Doch können wir uns das jetzt wohl kaum vorstellen, denn wir werden in dem Moment viel mehr wahrnehmen, als zum jetzigen Zeitpunkt. Dinge, die vorher für uns wichtig waren, können nun ganz unwichtig sein. Wir werden mit vielerlei Situationen in uns konfrontiert und erkennen auch, was andere Menschen, mit denen wir zu tun hatten, empfunden haben. Wir erkennen, was wir unserer Meinung nach gut und was wir schlecht gemacht haben. Wir setzen eine eigene Wertung und planen auch schon für die neue Inkarnation. Manchmal brauchen wir Inkarnationen, bis wir endlich eine Lernaufgabe zu unserer vollkommenen Zufriedenheit gelöst haben. Doch stellen Sie sich das jetzt bitte nicht so schwer vor, immerhin haben wir alleine die Wahl zu entscheiden, was wir wollen. Je mehr wir im bewussten Ich-/Lichtglauben leben, desto klarer werden wir unseren Lebensweg beschreiten können. Doch wie so oft tragen wir noch offene Rechnungen mit uns herum. Und genau diese offenen Rechnungen aus früheren Leben, mit denen wir uns gleich näher beschäftigen werden, führen uns an unsere Themen im Leben heran. Doch zuerst schauen wir uns noch einmal kurz unseren Astralkörper an.

Jede Seele, die noch inkarnieren will, besitzt somit einen Astralkörper, der ähnlich dem jetzigen Körper ist. Würden wir unser jetziges Leben nach dem Ableben komplett abschließen, also keine offenen Rechnungen mehr haben, dann würde das Aussehen aus diesem Leben auch in unserem Astralkörper sehr schnell verblassen. Wir brauchen dann das Leben nicht mehr als Erinnerung zu speichern, wir haben es abgeschlossen. Haben wir jedoch noch karmische Aufgaben zu erledigen, dann behält unser Astralkörper unser jetziges Aussehen als Erinnerung. Und so geht das mit allen Leben, die noch nicht komplett abgeschlossen sind. Haben wir noch aus mehreren Leben einiges zu bereinigen, dann werden wir auch unser damaliges Aussehen gespeichert halten. Und je mehr Karma und somit mehr Astralhüllen wir als Erinnerung behalten, desto dichter fühlen wir uns an und desto eingefahrener wird unser Leben sein. Also ist Aufräumen angesagt. Je klarer wir mit uns selbst verfahren, desto luftiger werden wir auch. Doch gerade Menschen, die sich extrem einengen, zeigen dadurch deutlich ihr einengendes Karma an, das sie in ihrer Freiheit und Lebensgestaltung, bei der Erfüllung ihrer persönlichen Wünsche stark beeinträchtigt.

Auch in der Tiefschlafphase können wir uns alle gegenseitig anhand unseres Aussehens erkennen. So auch nach dem Ableben, denn sollten wir noch Themen aus vergangenen Leben in uns tragen, dann erkennen wir uns auf der Astralebene auch mit unserem Astralkörper und somit unserem Aussehen wieder.

Eine interessante Sache gibt es hier noch zu erwähnen: Seelen, die beispielsweise ein irdisches Leben mit 80 Jahren abgeschlossen hatten, zeigen nicht gerne ihr Astralkörperaussehen zum Zeitpunkt ihres Todes. Seelen haben auf der Astralebene immer die Möglichkeit sich in dem Alter zu zeigen, das ihnen beliebt. Immerhin sind alle diese Informationen gespeichert und auch zugänglich. Wir Menschen machen uns ja auch für uns selbst und auch für unser Umfeld schick. Wir wollen uns selbst und auch den anderen gefallen. Warum sollte sich das auf der Astralebene ändern?

Wenn wir viele Inkarnationen abgearbeitet und kaum noch Karma offen haben, das heißt, fast alles erledigt haben, dann wird unsere Astralhülle immer dünner und irgendwann hat sie sich aufgelöst. Dann brauchen wir keine Astralhülle mehr, weil wir nicht mehr inkarnieren müssen. Ist uns das bewusst, dann werden wir mit dem Aufräumen viel früher anfangen, dessen bin ich mir sicher. Und nun beschäftigen wir uns ein wenig mit dem großen Thema der offenen Rechnungen - mit dem Karma.

Eins sei noch zu erwähnen, die Frage, die wir eingangs gestellt haben, wer denn für unsere nächste Wahl der Inkarnation zuständig ist, lautet: Wir selbst. Nur wir selbst wissen, was wir brauchen und da wir gewillt sind, aufzuräumen, werden wir auch alles dafür tun. Nun gehen wir weiter in die offenen Rechnungen hinein.

Karma - offene Rechnungen aus früheren Leben

Nun wollen wir uns näher mit der Frage beschäftigen: Was ist Karma? Im esoterischen Sinn bezeichnet man Karma als eine Ansammlung offener Rechnungen, die aus früheren, also vorangegangenen Leben stammen. Wir nehmen die für uns wichtigen Informationen in unser jetziges Leben, damit wir unser Karma einlösen und uns von der Altschuld befreien können. Den wenigsten Menschen ist dies jedoch bewusst und so können sie sich zumeist schlecht daran erinnern, was sie sich einst für dieses Leben vorgenommen haben. Sie leben nach ihrem Schema und sind zumeist mit alltäglichen Dingen stark beschäftigt. Doch tief im Inneren wissen sie, was sie zu tun haben, welcher Aufgabe sie folgen müssen. Tun sie das nicht, dann wächst die innere Unzufriedenheit. Schauen wir uns das genauer an.

Nehmen wir als Beispiel das Thema Eigenverantwortung: Eine Person hat sich diese Aufgabe als Hauptthema für das jetzige Leben gestellt, da sie in früheren Leben die Verantwortung für ihr Leben anderen übertragen hatte. Nun steht sie inmitten ihres Lebens und spürt den inneren Druck, sich alleine der Verantwortung für ihr Leben stellen zu müssen. Das heißt jedoch auch, dass diese Person versuchen wird, anderen wieder die Verantwortung für ihr Leben aufzubrummen. Denn genau das ist in früheren Inkarnationen häufiger passiert. Andere Menschen in ihrem Umfeld bekamen die Verantwortung automatisch übergeben. Somit hatte diese Person wieder die Ausrede, dass andere sie daran hinderten, sich der eigenen Verantwortung zu stellen. Ja, und die anderen, die die Verantwortung für diesen Menschen übernommen hatten, die wollten sich auch verantwortlich fühlen, da dies wiederum von der eigenen Verantwortung ablenkt. Verstanden?

Nun gut, erkläre ich es deutlicher. Eine Person inkarniert und weigert sich, die volle Verantwortung für das eigene Leben zu übernehmen. Das heißt, für all unsere Taten, Gedanken und auch alles das, was durch unsere Person heraus entstanden ist, haften wir. Wir sind hundertprozentig dafür verantwortlich. Wir können nicht einfach irgend etwas leben und uns der Verantwortung entziehen. Doch wie so oft, tun wir auch Dinge im Leben, die nicht so sonderlich gut sind. Bewusst wollen wir dann keinen Blick darauf werfen, da wir tief im Inneren wissen, dass wir für unsere Handlungen haften werden. Im Grunde genommen haben wir Angst vor den Konsequenzen. Eine Zeit lang können wir diese unangenehmen Erlebnisse verdrängen, doch dann werden sie uns eines Tages wieder einholen, das ist sicher. Alles das, was wir aufschieben, wird uns letztendlich irgendwann sowieso einholen. Wir müssen uns den Konsequenzen unseres eigenen Lebens mit allen dazugehörigen Komponenten stellen. Wir können dem nicht entfliehen, denn es gehört zu unserem Leben und somit zu uns.

Wenn wir uns die Menschheit aus dieser Perspektive betrachten, dann können wir sehr leicht erkennen, dass es einige Seelen gibt, die gerade mit diesem Problem viel zu tun haben. Sie leben im wahrsten Sinne des Wortes in einer Welt der Verdrängung, permanent in der Angst, dass ihr Karma auf sie zurollen wird. Doch all das, was wir getan haben, wird eh eines Tages wieder auf uns zurückkommen, dessen können wir uns sicher sein. Wir können noch so viel verdrängen. Alles das, was zu uns gehört, wird auch zu uns kommen, immerhin hängt es energetisch mit uns zusammen und lässt sich somit nicht einfach abschütteln.

Die Seele spürt, dass sie karmisch belastet ist und wird alles dafür tun, um dieses Manko aufzudecken. Immerhin will sie die

Themen bearbeiten, damit sie endlich Frieden finden kann, und das kann sie nur, wenn sie innerlich aufgeräumt hat. Anhand unserer inneren Ruhe können wir sehr leicht feststellen, ob wir uns tatsächlich mit unseren Lebensthemen auseinander setzen. Menschen, die das tun, wirken gelassen und ruhig, andere hingehen meist ängstlich und nervös. Jeder Mensch wird sich jedoch, wenn die sich selbst gestellten Lernaufgaben an die Oberfläche kommen, erdrückt fühlen. Immerhin drücken ihn Sorgen, die er nicht haben will. Was macht er nun? Er sucht sich Menschen in seinem Umfeld, mit denen er sein Leid teilen kann. Wofür? Geteiltes Leid ist halbes Leid. Das ist seine Devise und wer weiß, vielleicht trifft er ja sogar auf einen Menschen, der ihn von seinen Leiden befreien kann. Ja, gibt es das denn?

Natürlich gibt es Menschen, die absolut kein Gefühl/Mitgefühl für sich selbst entwickelt haben. Irgendwann, in irgendeinem Leben haben sie den Blick für sich selbst verloren und suchen nun nach Menschen, mit denen sie dieses Gefühlsmanko ausleben können. Und da kommt einer, der Hilfe braucht, gerade recht. Sie geben dann all ihre Fürsorge in diese Person hinein. Mehr und mehr wird die andere Person wichtiger und mehr und mehr rücken sie selbst in den Hintergrund. Es findet ein Energietransfer statt. Die Person, die ihr Leid abgeben will, gibt es nun der Person, die sowieso schon viel Leid erlebt hat und wahrscheinlich besser damit umzugehen weiß. Sie versucht einen Teil ihrer Karmaschuld auf den anderen abzuwälzen, damit der diese für kurze Zeit übernimmt. Doch keiner kann dauerhaft die Schuld eines anderen übernehmen. Nein, die eigenen Schulden kann nur jeder für sich selbst tragen. Und so bekommt der Ängstliche, der sich seinem Karma nicht stellen will, seine Schuldthematik wieder auf den Tisch gelegt. Dies wird ihn natürlich erschrecken, da er dachte, dass diese unangenehme Sache, verbunden mit einem unsicheren Gefühl, erledigt sei. Doch so funktioniert es nicht. Nun wird er verzweifelt auf die Person schauen, die ihm sein Karma ein wenig mitgetragen hat, immerhin erhofft er sich auch weiterhin Linderung. Gleichzeitig befindet er sich jedoch auch in einem inneren Zwiespalt: Auf der einen Seite wird er mit einem schlechten Gewissen an diese Person denken - immerhin weiß er ja genau, dass es sich um seine eigene Karmaschuld handelt. Auf der anderen Seite wird er auf sie vorwurfsvoll schauen, da er nicht verstehen kann, wieso sie ihn auf einmal so belasten will - immerhin geht die Belastung mit dieser Person einher, das denkt er zumindest so. Er spürt und denkt, der andere ist schuld und will ihm etwas aufdrücken, was gar nicht sein Eigenes ist. Doch so einfach ist das nicht. Nun schauen wir uns das Ganze noch näher an und nehmen dazu eine Partnerschaft. Wir nennen die Personen Klaus und Renate.

Renate und Klaus kennen sich seit vielen Inkarnationen - nur dass ihnen das nicht bewusst ist. Sie treffen in diesem Leben wieder aufeinander, da sie eine gemeinsame Lernaufgabe haben. Renate hat in einem früheren Leben sich selbst und ihr Leben geopfert, um Klaus aus Liebe zu schonen. Doch Liebe kann blind machen, denn was sie dabei nicht gesehen hat, ist, dass Klaus ihre Opferung bewusst und selbstverständlich hingenommen hat. Ja, sogar teilweise bewusst am Tod von Renate mitgewirkt hat. Renate sieht in Klaus nur ein Opfer, welches sie beschützen muss. Sie hat schon in mehreren Inkarnationen Gewalt erlebt und meint nun, dies weiterhin so leben zu müssen. Sie ist es - krass gesagt - gewohnt, umgebracht zu werden. Sie hat irgendwann angefangen, sich für andere zu opfern und seitdem ist sie auch ein Opfer. Und damit ihr Opferdasein auch weiterhin funktionieren kann, braucht sie Klaus, da sie meint, ihn beschützen zu müssen. Doch kann es keinen Menschen geben, der solch eine Hingabe verdient hat. Und trotzdem, Klaus sucht seitdem in fast jedem Leben Renate auf, nur um sich vor der Verantwortung - auch gerade der Intrige aus dem früheren Leben - zu drücken. Und Renate ist es gewohnt, Klaus zu schützen und von daher wird sie auch in diesem Leben nichts anderes machen wollen.

Nun gut, die beiden treffen wie verabredet wieder aufeinander. Doch zuerst schauen wir uns ihre unterschiedlichen Entwicklungen an. Immerhin sind die Kindheitsprägungen für das bevorstehende Leben besonders wichtig und bereiten den Menschen auf seine karmisch belasteten Aufgaben für das Leben vor. Die bisherigen Lebensphasen - Kindheit und die Zeit danach - verliefen für beide sehr unterschiedlich. Renate, die in diesem Leben lernen muss, sich selbst als die wichtigste Person anzunehmen, hatte schon mit vielen Menschen zu tun, die sie immer wieder an die Opferthematik erinnerten. Sie sammelte Menschen um sich herum, die sehr viel karmische Probleme aufzuarbeiten hatten. Und aus alter Gewohnheit heraus versuchte sie sich zu opfern, was ihr auch in Teilen gut gelang. Das heißt, sie versuchte sich in die Lebensprinzipien dieser Menschen einzuklinken, um für sie die Verantwortung automatisch mit zu übernehmen. Da sie jedoch durch die Übernahme der Lasten anderer ihre eigene Last zumeist vergaß, bekam sie diese auch noch aufgebrummt, so dass sie teilweise das Gefühl hatte, unter der ganzen Last zusammenbrechen zu müssen. Sie spürte jedoch ganz genau, wenn sie die Last eines anderen übernommen hatte. Dann schaute sie die Person traurig an, in der Hoffnung, dass diese ihre eigene Belastung wieder übernehmen würde. Doch kaum einer wollte sich überreden lassen, etwas freiwillig zurückzunehmen. Und so trug sie Lasten anderer oftmals über Jahre hinweg mit sich. Doch irgendwann war sie emotional verletzt worden, sie zog sich zurück und tat das einzig Richtige: Sie gab die Schuld, die nicht ihre war, einfach wieder ab. Ihre

Verhaltensweise, nach der sie lebte, war jedoch die, dass sie innerlich überzeugt davon war, nur geliebt zu werden, wenn sie sich opferte und so suchte sie wieder erneut nach einem Täter, ohne ihr eigenes Tätertum genau zu betrachten. Immerhin war sie selbst diejenige, die sich die Last aufbürdete und kein anderer. Erst wenn sie das kapierte, konnte eine andere Einstellung zu ihrem Leben erfolgen. Nun können wir auch gut verstehen, dass sie die Begegnung mit Klaus unbedingt braucht, um zu erkennen, dass nur jeder selbst sein Karma tragen kann. Keiner kann einem anderen helfen, indem er die Karmalast desjenigen sich selbst auflädt.

Und Klaus hatte sich Eltern gesucht, welche sich viel um ihn gekümmert haben. Immerhin suchen wir uns in der Kindheit das Elternhaus aus, das wir brauchen, um uns einen Einblick in unsere Karmawelt zu verschaffen. Das heißt, unsere Eltern spiegeln uns genau unsere eigenen Themen, damit wir für unser Leben gewappnet sind. Wenn wir das verstanden haben, dann können wir mit den Problemen aus unserer Kindheit ganz anders umgehen - doch damit beschäftigen wir uns später mehr.

Deshalb hat auch Klaus sich Eltern gesucht, die auch Angst vor der Verarbeitung ihres Karmas haben. Also wurde in dieser Familie wenig über die Tiefe des Lebens gesprochen. Man versuchte das Bild der heiligen und geordneten Familie zu bewahren. Somit fühlte sich Klaus durch sein Leben wenig belastet. Doch immer wieder kam er an Punkte, die ihm eindeutig zeigten, dass er sich nur wenig mit Pflichtbewusstsein um seine Lebensthemen kümmerte. Oftmals hatte er ein unbegründetes, schlechtes Gewissen, was er zu kompensieren versuchte. Und so konnte er der Versuchung nicht widerstehen und fand eine besondere Faszination in der Genusssucht. Er verfiel einem inneren Zwang, der ihn dahin verleitete, sein Leben nach seinen

Süchten mehr und mehr auszurichten. Der Sexualkontakt zu vielen verschiedenen Partnern ließ ihn süchtig nach Sex werden. Auch wenn er eine feste Partnerin hatte, so hatte er doch zumindest eine Geliebte nebenbei. Trotzdem fühlte er sich für seine Suchttaten nicht verantwortlich, da er die Meinung vertrat, dies gehörte zu seinem Leben. Dass andere durch sein rücksichtsloses Verhalten Schaden nahmen, wenn er seinen Gelüsten nachging, empfand er so nicht. Dazu fehlte ihm jegliches Mitgefühl, denn nicht er wurde betrogen, sondern er vollbrachte die Tat und da er sich dafür nicht verantwortlich fühlte, machte es ihm auch nichts aus. Doch schon wieder baute er damit neue Karmalast auf und wird irgendwann auch dafür zur Verantwortung gezogen. Doch das will er nicht, also sucht er erneut Renate auf, damit diese ihm wieder helfen und einen Teil der Last übernehmen soll.

Dann endlich treffen sie aufeinander und schon wieder geht das Spiel von vorne los. Klaus gesteht Renate sehr früh in einem Anfall von Liebe, was ihn so betroffen macht, nämlich das mittlerweile unkontrollierte Ausleben seiner Sucht. Er tritt ihr gegenüber so hilflos auf, so dass Renate wieder das Gefühl bekommt, ihn beschützen zu müssen. Sie übernimmt wieder einen Teil seiner neu auferlegten Karmaschuld, damit er sie alleine nicht tragen muss und verdunkelt sich darüber selbst erneut. Somit befinden sie sich wieder in der altgewohnten Konstellation, nur dass diesmal keine wirklichen Gründe vorliegen. Die Beziehung wird jedoch durch das Karmathema und somit die Übernahme der Verantwortung so überschattet sein, dass das Tragen der Schuld für beide zur Belastung wird, so dass sie so nicht miteinander glücklich werden können. Zumindest nicht solange, bis sie endlich aufhören, sich permanent in eine Rolle zu zwängen.

Ein Teil in Renate übernimmt wieder mütterlich die Fürsorge für Klaus und ein anderes in ihr will Klaus immer wieder an sein Thema heranbringen. Nach dem Motto: Bitte, übernimm in diesem Leben selbst dein Karma, damit ich es nicht tragen muss. Natürlich kann sie ihm die Verantwortung für sein Leben auch einfach wieder übergeben, doch dazu fehlt von seiner Seite die Freiwilligkeit, die sie von ihm haben will. Immerhin lebt auch in ihr noch der nicht verarbeitete Karmaschmerz. Sie sehnt sich so sehr nach Erlösung. Ihr Blick richtet sich dabei besonders auf ihn, in der Hoffnung, dass er in Freiwilligkeit und auch aus Liebe zu ihr sie von ihrer selbst auferlegten Schuld ritterlich befreit. Sie trauert um jeden Tag, der ihr nicht die erwartete Erlösung bringt. Wie sehr hätte sie sich über eine Entlastung gefreut. Doch je mehr sie wartete, desto mehr fühlte sich Klaus in eine Rolle gezwängt und dagegen wehrte er sich natürlich.

Klaus fühlte sich auf der einen Seite durch Renate entlastet und auf der anderen Seite in eine Rolle gestoßen, da es ihm nicht bewusst war - oder er es einfach nur nicht sehen wollte - dass nur er alleine die Verantwortung für sein Leben übernehmen kann. Es fällt ihm schwer genau hinzuschauen, was sich denn alles in ihm befindet und somit der Wahrheit ins Gesicht zu sehen. Auch er blickt mehr auf Renate anstatt auf sich selbst, was zur Folge hat, dass er jede Anwandlung von ihr, ihm das zurückzugeben, was ihm gehört, als Geisel ansieht und sich absolut dagegen wehrt. Immerhin will er nicht das leben, was Renate ihm vorgibt. Dass er sich selbst vorgenommen hatte, in diesem Leben die Verantwortung für sich selbst zu übernehmen, kam ihm dabei nicht in den Sinn. Und damit Renate das Suchtthema und die karmischen Folgen, welche sie mal wieder von ihm übernommen hat, auch bei sich behält, bringt er sie immer wieder in eine Schuldthematik und somit in eine direkte Abhängigkeit hinein. Renate fühlt sich von seiner Liebe abhängig und wartet auf die Erfüllung ihres Lebens. Sie erhofft sich ihr Glücksgefühl von Klaus und weint, wenn sie es nicht bekommt. Sie weiß nicht, dass sie zuerst sich selbst lieben muss, um die Liebe anderer überhaupt annehmen zu können. Lernt sie das nicht, dann trifft sie immer wieder auf Menschen, die ihr das Leben madig machen und sie somit gar nicht lieben können, so wenig, wie sie sich selbst liebt. Der Partner ist der direkteste Spiegel und gibt ihr auch nur das, was sie sich selbst geben oder auch nicht geben möchte. Liebt sie sich selbst nicht, dann liebt auch der Partner sie nicht. Klaus weiß das sehr wohl und kann alleine die Möglichkeit der Liebessucht nutzen, um sie immer wieder im Zaum zu halten, damit sie auch weiterhin die Verantwortung trägt.

Was meinen Sie nun, wie geht das Ganze aus? Irgendwann muss auch Renate wach und sich bewusst werden, was sie sich selbst wert ist. Sie muss lernen, sich selbst als den wichtigsten Menschen in ihrem Leben anzunehmen. Immerhin muss sie sich von der ihr nicht gehörenden Karmalast endgültig befreien und das kann nur passieren, wenn sie endlich ein Verständnis für sich selbst entwickelt. Sollte sie nicht freiwillig lernen wollen, dann wird sie wohl wieder eine Erfahrung über Leidensdruck machen müssen, damit sie erkennen kann, dass sich dieser hohe Einsatz für die Beziehung nicht lohnt. In einem solchen Fall müsste sie verstehen, dass es sich nicht lohnt, für Klaus Karma zu tragen und das könnte mit erneuten Verletzungen in der Partnerschaft einhergehen. Dann stellt sich nur noch die kosmische Frage: Was würde Renate am meisten verletzten und zwar so sehr, dass sie Klaus in „Ruhe" lassen würde, um endlich auf sich selbst zu schauen. Würden wir nun Renate interviewen, würden wir mit Sicherheit eine Antwort erhalten. Doch eins ist sicher, Klaus müsste ein Verhalten an den Tag legen, welches Renate klar erkennen lässt, dass er sie nicht lieben kann, zumindest nicht aus ihrer Betrachtungsweise und auch Hoffnung heraus. Dann wird sie bereit sein, ihn endlich loszulassen.

Ja, und Klaus, auch er hätte die Chance freiwillig zu erkennen, um was es geht und sich endlich seinem Leben und auch seinem Karma stellen. Dann bräuchte er auch nicht immer auf andere - im jetzigen Fall auf Renate - zu schauen, dann wäre er von diesem zwanghaften Verhalten befreit. Immerhin werden Anteile in ihm selbst dafür sorgen, dass diese Beziehung nicht unbedingt harmonisch verlaufen kann und das wiederum ist dramatisch. Beide lieben sich auf eine bestimmte Art und Weise, doch solange diese Thematik im Vordergrund steht, können sie keine Lösung finden.

Sie sehen nun, wie schwierig es sein kann, Karma anzugehen und aufzulösen. Mit Sicherheit haben Sie gut erkennen können, dass es in dieser Beziehung auch darum ging, dass sich jeder wieder seiner Aufgabe stellt. Solange wir uns in einer engen Verbindung zu einem anderen Menschen befinden und noch karmisch belastende Aspekte auszutragen haben, solange können wir nicht einfach nur Partnerschaft leben. Das sollte jedem, der so etwas erlebt, klar sein. Lernen wir die selbst auferlegten Aufgaben zu verstehen, dann können wir mit unserem Leben viel einfacher umgehen. Nun beschäftigen wir uns weiterhin mit Karma - also den offenen Rechnungen aus früheren Leben.

Karma - das offene Rechnungsbuch

Wenn wir uns mit Karma beschäftigen wollen, dann müssen wir zuerst einmal erklären, was denn alles unter das Karmagesetz von Ursache und Wirkung fällt. Das Gesetz besagt, dass jede Ursache irgendwann ihre Wirkung zeigen wird und das bedeutet, sollten wir selbst eine Ursache setzen, dann werden wir automatisch eines Tages die Wirkung zu spüren bekommen. Wir bekommen das zurück, was uns zusteht. Wir können höchstens eine Zeitverschiebung herausholen, mehr aber auch nicht.

Was ist das spirituelle, höchste Gericht? Wir haben schon öfters davon gehört, dass Gott - das höchste Gericht - uns strafen würde. Stimmt das so? Nein, nicht ganz, wir selbst sind diejenigen, die uns bestrafen. Erinnern Sie sich, was ich über den Kontakt mit dem Lichtwesen geschrieben habe. Noch einmal zur Wiederholung: Nach unserem physischen Ableben treffen wir auf ein Lichtwesen und unser Leben läuft noch einmal teilweise dreidimensional vor unserem geistigen Auge ab. Wir erkennen alles das, was wir gut, aber auch das, was wir falsch gemacht haben. Und da es unser aller Anliegen ist aufzuräumen, werden wir uns auch darum kümmern. Wir selbst bestimmen, was wir noch zu lernen haben und was nicht korrekt gelaufen ist. Sollten wir beispielsweise einen anderen bestohlen haben, dann müssen wir symbolisch betrachtet, das geklaute Gut wieder zurückgeben. Und wie können wir das tun? Schauen wir uns das genauer an: Sollte beispielsweise die Rückgabe in dem Täterleben nicht mehr funktioniert haben, dann nehmen wir die Aufgabe - das Zurückgeben von Energie/Materie - mit in das nächste Leben hinein. Dort begegnen wir dann wieder derselben Seele und werden spüren, dass hier noch ein Anspruch offen ist. Das heißt, wir spüren im Verbund zu der anderen Person genau, dass es hier eine Vorbelastung gibt. Jeder spürt das, mag er auch noch so hartgesotten sein.

Wir selbst stellen uns den karmischen Aufgaben. Ob wir dann im Leben und in vollem Bewusstsein den gestellten Aufgaben auch Folge leisten werden, ist aber fraglich. Immerhin können die meisten Menschen mit Schulden nicht umgehen und stellen sich bewusst dagegen. Gerade in der heute lebenden Konsumgesellschaft können wir dieses Verhalten gut erkennen. Doch alle Energien, gerichtet gegen die eigene Verantwortung, nützen letztlich wenig, die Aufgabe kommt immer wieder auf uns zurück.

Somit kommen wir nicht drum herum, uns um unsere Angelegenheit zu kümmern. Doch wie so oft, versuchen Menschen ihr Karma zu umgehen und somit etwas zu leben, das sie gar nicht sind oder was ihnen gar nicht zusteht. Es gibt energetische Diebe, die ganz geschickt vorgehen, um sich an den Energien anderer zu bereichern. Sie suchen sich Menschen aus, die einiges an Talenten/interessanten Energieangeboten in sich tragen, diese jedoch selbst nicht nutzen. Dieser Energieklau funktioniert jedoch zumeist eher unbewusst. Doch gibt es auch so genannte Energievampire, die sich darauf spezialisiert haben, andere Menschen bewusst energetisch auszusaugen. Diese bewussten Räuber kennen sich auf dem Gebiet des Vampirismus bestens aus und versuchen sich ihre Opfer gefügig zu machen. Wie? Sie stellen sich dreist in den Weg des Opfers und fordern die Herausgabe der Energie. Dass ihnen das, was sie so dreist fordern, zumeist gar nicht zusteht, brauchen wir hier nicht zu erwähnen, denn sie tun es aus Eigennutz. Und so kann es passieren, dass ein ausgesuchtes Opfer unbewusst die Forderung eines anderen wahrnimmt, sich emotional zwar dagegen stellt, aber trotzdem darauf eingeht. Dies ist ein bewusst geplanter Raub. Dann besitzt der eine Energieanteile des anderen, auch wenn diese ihm gar nicht zustehen. Und da wir uns nur berauben lassen können, wenn wir dem Energieaustausch auch zustimmen, müssen wir uns irgendwann das zurückholen, was uns gehört. Im Grunde genommen können wir uns nur gegenseitig etwas ausleihen, mehr nicht. Doch was ist, wenn wir eine karmische Forderungshaltung haben?

Der eine fordert dann unbewusst den anderen auf, das zurückzugeben, was ihm gehört und der andere nimmt diese Forderung auch an. Somit stehen sich zwei Menschen gegenüber, die karmisch belastet sind. Was passiert dann? Derjenige, der mehr in der Opferrolle lebt, wird sich nicht so einfach aus seiner gewohnten Position lösen können. Doch seine Aufgabe ist es in diesem Leben, das zurückzufordern, was ihm einst genommen wurde. Er traut sich jedoch nicht es zu tun, da er Angst vor der Auseinandersetzung hat. Er bräuchte den Zuspruch anderer, damit er sich traut, seine Forderung „einzuklagen". Doch nun steht er dem anderen gegenüber, der eindeutig Täteranteile in sich trägt und muss symbolisch das zurückfordern, was ihm zusteht, und das wird für ihn nicht ganz einfach sein. Zumal der „Täter" auch nicht unbedingt gewillt ist zuzugeben, dass er Anteile in sich trägt, die nicht seine eigenen sind.

Doch was sind das für Anteile, die ein anderer übernehmen kann? Das können Talente, Fähigkeiten oder aber auch andere Aspekte sein. Wir bekommen immer alles das im Leben zurück, was auch zu uns gehört. Somit fordern wir unbewusst automatisch und grundsätzlich eine Gegenleistung. Wir wissen, dass es Menschen gibt, die in ihrem Leben sehr viel schaffen, doch ihre Ernte/ihren Lohn nicht mehr erleben. Und trotzdem, eines Tages erhält auch dieser Mensch seinen Lohn. Und so kommt irgendwann die Ernte auf ihn zu. Vielleicht nicht direkt im selben Leben, in dem er dafür geschuftet hat, sondern in einem der nächsten. Und so kann es sein, dass er reich beschenkt wird, vielleicht sogar ein Erbe antritt, welches ihm all den Lohn wiedergibt, den er sich erschaffen hat. Doch will er das ihm Zustehende nicht annehmen, dann kann es sein, dass sich ein anderer - mal wieder - an ihm bereichern wird. Und somit wird er bestohlen, das, was ihm gehört, wird ihm weggenommen, da er es nicht wirklich haben wollte.

Wenn wir etwas bewusst zu uns gehörig anerkennen, dann kann uns dies keiner entwenden. Anders ist dies jedoch, wenn wir mit Bereichen konfrontiert werden, die uns zwar zustehen, die wir jedoch bewusst nicht annehmen wollen. Da wir jedoch alle Geschenke Gottes annehmen müssen, das ist unsere Aufgabe, können wir uns symbolisch betrachtet nicht dagegen stellen. Und sollte sich somit ein anderer, dem das nicht zustand, über uns/einen unserer Energieanteile bereichert haben, dann müssen wir zwangsläufig in der Nähe desjenigen inkarnieren, damit wir uns das zurückholen, was uns eh gehört. Wir müssen das, was zu uns gehört, dann auch in Liebe annehmen. Und glauben Sie mir, wir alle wissen tief im Inneren, was es ist. Nur müssen wir nicht kämpfen, um das zurückzufordern, was uns gehört, wir müssen es nur haben wollen. Eins ist noch wichtig zu wissen: Wir wissen zumeist nicht, was wir zurückbekommen werden, wir können es höchstens erahnen. Doch werden wir es spüren, wenn wir einem anderen begegnen, mit dem wir noch etwas auszutauschen haben. Wir spüren dann einen eindeutigen Verbund zu dieser Person. Und darüber erkennen wir dann, dass noch Energieanteile ausgetauscht werden müssen. Je klarer wir dies vor Augen haben, desto besser für uns.

Wenn Sie möchten, können Sie einen solchen Prozess - das Zurückfordern Ihrer verstreuten Energieanteile - in einer Meditation als Ritual unterstützen. Stellen Sie sich vor, dass Sie entspannt auf einer felsigen Anhöhe stehen. Breiten Sie Ihre Arme gedanklich aus. Bitten Sie den Kosmos um reinigende Energie. Lassen Sie die Energie durch sich hindurchströmen. Lösen Sie sich dann gedanklich von allen Anteilen und energetischen Aspekten, die Sie in sich tragen, die jedoch nicht zu Ihnen gehören. Je klarer Sie dies vor Augen haben, desto besser können Sie das, was Sie in sich haben und was nicht zu Ihnen gehört, auch wieder loslassen. Lassen Sie es fließen und vertrauen Sie darauf, dass Sie nur das abgeben werden, was wirklich nicht zu Ihnen gehört. Andere Aspekte, die zu Ihnen gehören und die aus Versehen mit einer Reinigung weggeschickt werden, kommen automatisch wieder zu Ihnen zurück. Danach bitten Sie den Kosmos um Unterstützung und bitten darum, dass Sie all das, was zu Ihnen gehört, und was Sie einst weggegeben haben, nun auch wieder zu Ihnen zurückkommt. Sie können sicher sein, Sie werden alles zurückbekommen.

Sie werden es mit der Zeit spüren, dass Sie sich kompletter anfühlen werden. Natürlich können Sie mit dieser Übung nicht alles bereinigen, doch vieles wird sich dadurch von alleine klären. Sie können diese Übung sieben Wochen lang, ein- bis zweimal in der Woche, durchführen. Probieren Sie es aus.

Sie sehen selbst, wie einfach es sein kann, sich von Verstrikkungen zu lösen. Doch nicht immer wird es so einfach sein, wie wir gleich sehen werden. Kümmern wir uns nun um starke karmische Verstrickungen, wobei ein Mensch den Tod eines anderen durch Mord verursacht hat.

Das karmische Mordopfer

Wir haben nun erfahren, dass man einem anderen, der aber dem geplanten Vorhaben auch zustimmen muss, sehr leicht etwas entwenden kann. Hierbei kann es sich um verschiedene Aspekte wie Talente, Fähigkeiten bis hin zu fast materialisierten Formen, wie Geld, handeln. Das meiste, was uns entwendet werden kann, das können wir jedoch ersetzen. Doch das höchste Gut, das wir auf Erden haben, ist unser Leben und somit unser Körper. Doch wie oft erfahren wir, dass jemand einem anderen den Körper nimmt, ihn umbringt, tötet, ermordet, ganz gleich, welcher Beweggrund auch hinter der Tat stehen mag.

Warum passiert das? Schauen wir uns das genauer an und überlegen: Warum gibt es gerade in Fernsehfilmen, denen viele gespannt zuschauen, eine Flut von Tötungsdelikten, die teils geahndet, teils nicht geahndet werden? Die Medien sind ein guter Wegweiser zu unseren inneren Vorstellungen und Wünschen, das sollten wir nicht vergessen. Und wenn wir permanent mit Gewalt konfrontiert werden, verlieren auch wir sehr schnell die Scheu vor einer körperlichen Auseinandersetzung. Der Weg hin zur Tat ist dann zumeist schon ein wenig geebnet worden. Denn sollte gerade unser Lieblingsschauspieler ein cooler Typ sein, der sich nichts gefallen lässt, dann wird sich auch in uns der Wunsch breit machen, so zu sein und wir sind auch ein wenig auf Kampf aus. Wir alle leben nach Vorstellungen, die wir uns selbst aufgebürdet haben. Und wenn wir uns dann darüber freuen, dass der Bösewicht im Film endlich das Zeitliche segnet, dann ist dies eine absolute Resonanz zu unserem inneren Ich. Das heißt, auch wir tragen mindestens einen Bösewichtanteil in uns und würden diesem gerne den Garaus machen. Nur das dies so nicht funktionieren kann, da wir das, was in uns ist, nicht töten können.

Doch schauen wir uns das Prinzip von Tötungsdelikten ein wenig genauer an: Sollten wir uns bewusst im Kampf oder in einem Duell verletzen, dann haben wir das Risiko offen einkalkuliert und unser Gegenspieler trägt keine Schuld. Sind jedoch andere, arglistige Gedanken der Vernichtung im Spiel, dann handelt es sich um eine bewusste Absicht und die wird eine karmische Belastung nach sich ziehen.

Nehmen wir dazu ein fiktives Beispiel und wählen ein Tötungsdelikt, das rein aus Eifersucht und Rachsucht geschehen ist. Ein Mann tötet seinen Nebenbuhler und seine Frau im Affekt, da er nicht ertragen kann, dass diese Menschen, und vor allen Dingen seine Frau, die ihm über Jahre hinweg vertraut war, nun glücklich sind. Wir alle wollen Partnerschaft nach dem Prinzip des Glücklichseins leben. Wenn sich die erhoffte Emotion dann jedoch nicht einstellt, da wir selbst noch zu viele Unebenheiten in uns tragen, die nun auch alle zu Wort kommen wollen, dann kann es sein, dass wir uns nicht geliebt fühlen, obwohl dies gar nicht der Fall sein muss. Unser Partner - der übrigens ähnliche Prinzipien in sich tragen wird, da wir ihn nach dem Prinzip der Resonanz ausgewählt haben - wird genauso traurig neben dem Partner leben, wie wir selbst. Beide trauern, können sich jedoch das Gefühl des Glücklichseins nicht geben.

Dann springt einer aus dem Konsens raus. Nach dem Motto: Wenn ich nicht glücklich sein kann, dann muss dies an meinem Partner liegen, anders kann es nicht sein. Dann habe ich den „falschen" Partner gewählt. Natürlich hat dieser Person keiner gesagt, dass dies nicht sein kann. Immerhin haben wir immer das, was wir brauchen und wir befinden uns auf unserem Lebensweg, der uns entspricht. Je klarer wir dies sehen, desto besser können wir auch damit umgehen. Nun gut, auch gerade die Medien zeigen uns immer wieder, wie schön es ist, verliebt zu sein - zu lieben, wenn die Schattenanteile noch nicht zu Wort kommen. Und dann passiert es, wir öffnen uns einem anderen Partner gegenüber, der mindestens genauso unglücklich ist wie wir selbst und gehen eine Beziehung mit ihm ein. Nun spüren wir die Kraft der eigenen Liebe, wir schweben im siebten Himmel. Alles ist perfekt und wir wollen die Vergangenheit hinter uns lassen und verabschieden uns von unserem bisherigen Lebenspartner. „Soll der doch gucken, wo er bleibt, immerhin kann er sich ja auch was Neues suchen," das denken wir zumindest.

Doch so einfach ist das nicht. Der verlassene Partner sieht seine Partnerin nun im Glück und meint, dies selbst nicht leben zu können. In unserem Beispiel sieht er nicht die Möglichkeit, dies mit einem neuen Partner seiner Wahl ausprobieren zu können. Nein, er meint nun leiden zu müssen. Er meint verloren zu haben. Und da treffen wir auf eine Emotion, die keiner gut verkraften kann. Immer mehr kreisen die Gedanken um das frisch verliebte Paar, das nun in Liebesenergie schwelgt. Immer wieder stellt er sich seine Partnerin vor, die nun ohne ihn glücklich und ausgelassen sein kann, so wie er sie immer haben wollte. Er stellt sich in seiner Verzweiflung die Frage: Wollte sie diese Harmonie nur mit ihm nicht leben? Ist er nicht gut genug für sie? Gedanklich wird er sich immer mehr in sein Spinnennetz der Intrige einkreisen und anfangen, die beiden zu beobachten. Er will in ihrer Nähe sein, da er sich eh, durch sein tiefes Leid geprägt, tief mit ihnen verbunden fühlt. Mehr und mehr steigert er sich in das angeblich unlösbare Schicksal hinein. Er sieht nicht, dass auch er eine Chance hatte, in der Verbindung mit seiner früheren Partnerin glücklich zu sein, und dass die jetzige Beziehung seiner Ex-Partnerin mit ihrem neuen Freund nichts mit ihm persönlich zu tun hat.

Nein, er sieht sich im Leid und meint, man habe ihn stehen

gelassen. Und das will er nicht. Er ist erwachsen, und wenn er leidet, dann sollen das die anderen auch tun. Also wird er alles versuchen, das junge Paar zu stören. Er ruft ständig bei ihnen an, um ihnen zu zeigen, dass er sie beobachtet. Alles mögliche lässt er sich einfallen, nur um ihnen zu schaden, in der Hoffnung, dass sein Gift Wirkung zeigt. Das ist seine Vorstellung, nach der er lebt. Er steigert sich immer weiter rein. Er kann nicht mehr loslassen von dem Gedanken etwas zu zerstören. „Ich lass‘ mich nicht wegdrängen, nun nicht mehr“, denkt er. Durch seine einengende Haltung in der momentanen Lebenssituation melden sich immer mehr alte, nicht verarbeitete Strukturen in ihm. Er spürt emotionale Schmerzpunkte und weiß sich keinen Rat mehr. Schon als Kind war er oft unglücklich, dadurch bedingt einsam. Früh schon fühlte er sich als Außenseiter. Nichts gönnte man ihm, immer stand er hinten an. Die anderen ringsherum, ja, die haben sich gelebt und er? Er musste immer zurückstecken, aber nun nicht mehr - dessen ist er sich sicher.

Die altgewohnte Struktur in ihm reißt immer weiter auf, und er fühlt sich mehr und mehr ungeliebt. Doch anstatt dass er in seinem Inneren aufräumt, sucht er sich andere Möglichkeiten der Entfaltung. Immer mehr und mehr richtet er seine Hassgedanken gegen seine Ex-Frau und ihren neuen Partner. „Wenn ich schon nicht glücklich sein darf,“ denkt er - denn nun sieht er seine Ex-Frau so an, als hätte sie ihm das verboten - „dann sollen auch die anderen nicht glücklich sein.“ Bald sieht er Bilder der Gewalt vor seinem inneren Auge ablaufen. Er spürt eine Art Genugtuung und auch Befreiung, wenn er gedanklich durchspielt, wie er den anderen schaden könnte. Die Bilder, die er sieht, die hätte er vom Ansatz her am besten direkt verarbeitet. Doch genau das passiert nicht. Er fühlt eine Art Sehnsucht nach innerer Ruhe und der Gedanke, dass er diese erst finden wird, wenn er das ihn „quälende“ Paar ausgelöscht hat, wird immer stärker. Immer deutlicher sieht er das sich liebende Paar vor seinem geistigen Auge im Blut liegen. Mehr und mehr Hassgedanken richten sich in ihm auf. Sein Pflichtbewusstsein, die eigene Moral, rücken weiter in den Hintergrund. Ins Bewusstsein drängt sich nun der verletzte Junge, der schon als Kind kaum Freude erleben durfte. Tieftraurig heckt er einen Mordplan aus.

Wie das kommt? Natürlich trägt er schon lange tief in seinem Inneren solche Aspekte, die ihn nun daran erinnern, dass man sich „wehren“ kann. Mordpläne zu schmieden, das hat er schon öfter in seinem Inneren getan. Nur, dass er diese bisher halt nur spielerisch durchdacht hat, noch nie wurde es ernst. Auch jetzt wird er noch teilweise glauben, dass es sich um ein Spiel handelt und er es im Grunde genommen nicht ernst meint. Nein, noch ist es ein gedankliches Spiel. Ein Spiel der Rache, welches ihm eine Art Genugtuung, einen kurzen Seelenfrieden gewährt. Er ist sich bald immer sicherer, dass er nur seine Ruhe finden kann, wenn die beiden nicht mehr da sind und gerade dieser Gedanke wird sich immer mehr in ihm vertiefen. Er lebt in seiner eigenen Welt, ohne genau zu wissen, warum das so ist. Er ist traurig und keiner ist da, der ihm hilft. Und da er schon lange nicht mehr ausruhen konnte - immerhin befindet er sich seit dem Weggang der Partnerin in diesem Zwiespalt - sind seine Nerven überreizt. Endlich Ruhe finden, das erhofft er sich, und denkt weiter darüber nach, die beiden aus dem Weg zu räumen. Er will Rache. Aber hauptsächlich möchte er seinen Seelenfrieden wiederfinden. Nun wird die ganze Sache gefährlich - aus den Gedanken wird ernst. Würde er nun ein gutes Gespräch mit einer anderen Person führen, die ihm erklären kann, dass er die Dinge verarbeiten und loslassen muss, dass er akzeptieren muss, dass seine frühere Partnerin ihn verlassen hat und dass auch er neu durchstarten kann, dann würde es ihm besser gehen. Würde er dann auch noch verstehen, dass es für ihn ein anderes Mittel gibt, Seelenruhe zu finden, dann würde er sich bestimmt besinnen. Doch in unserem Fall passiert das alles nicht und sein Ziel - endlich „wieder“ Ruhe zu finden - rückt immer näher. Jedoch müsste er dafür einen Doppelmord begehen, so denkt er zumindest, und ist nicht mehr klar bei Verstand.

Natürlich werden andere Energieanteile in ihm dies zu verhindern suchen, doch diese werden nun kaum noch eine Chance haben, wirklich gehört zu werden. Und so schleicht er eines Nachts - fast wie in Trance - in die Wohnung der beiden und erschlägt sie im Schlaf mit einem Hammer. Erst nach der Tat kommt er einigermaßen zur Besinnung. Hofft aber immer noch, dass seine ersehnte Ruhe nun einkehren würde. Doch gerade das passiert nicht. Er steht wie benommen vor dem Bett der beiden und schaut entsetzt auf die blutüberströmten und leblosen Körper. „Was habe ich nur getan“, fragt er erschüttert und versucht gleichzeitig verzweifelt seine Spuren zu beseitigen.

Nichts von dem, was er sich erhofft hat, ist eingetreten. Nun muss er sich der Tat stellen. Doch das will er unter keinen Umständen. Eine Verurteilung oder gar eine Gefängnisstrafe war in seiner Planung nicht drin. Er spürt nun auf einmal, wie unwichtig diese Personen für sein Leben waren - doch nun ist es zu spät, nun muss er handeln. „Schnell alles wegräumen, damit mir keiner auf die Schliche kommt,“ denkt er und versucht seine Spuren zu verwischen. „Vielleicht war es ein Einbrecher, der diese Tat begangen hat?“ Und so zerwühlt er die Schränke und lässt einige belanglose Sachen verschwinden.

Täter/Opfer - wer ist was?

Was geht in einem Menschen vor, der eine solche Tat begangen hat? Die Beweggründe, die zu der Tat führten, sind zumeist emotionaler Natur. Und eins ist sicher, der gewünschte Erfolg kann dabei nicht erzielt werden. Somit erwacht der Täter nach der Tat aus seinem Traum und steht ernüchtert vor einem Alptraum und muss lernen damit umzugehen. Denn egal was passiert, ob er nun geschnappt und für seine Tat rechtlich zur Verantwortung gezogen wird, er wird sich damit auseinander setzen müssen. Durch die Tat/die Handlung an sich, hat er sich auch wieder karmisch belastet, so dass er für diese Tat auf alle Fälle verantwortlich gemacht wird. Doch nicht nur alleine die Handlung zieht Konsequenzen nach sich, nein, auch schon das gedankliche Durchspielen einer solchen Tat und die damit verbundenen ausgesandten Energien sind ein Grund sich karmisch zu belasten. Immerhin kommen diese Energien auch beim Empfänger an und können Schaden anrichten und schon das alleine ist ein Vergehen, dem er sich stellen muss. Das heißt im Klartext, wir müssen nicht immer selbst Hand anlegen, alleine das Beauftragen einer anderen Person oder das Durchdenken der Konstellation, schon das Verfluchen eines anderen wird karmische Verantwortung nach sich ziehen. Doch nicht das „hohe Gericht" brummt die Verantwortung auf, nein, das machen wir schon selbst. Wir selbst werden darauf Acht geben, dass wir auch für den entstandenen Schaden wieder aufkommen werden.

Nun zurück zu unserem Beispiel: Die Beweggründe für seine Tat waren sehr niederer und rein egoistischer Natur. Er wollte das Glück zweier Menschen zerstören, da er hoffte, dadurch endlich selbst glücklich zu werden. Wie ich schon erwähnte, der Körper ist das höchste Gut, das wir haben. Und wir sollten gut mit ihm umgehen und auf ihn Acht geben. Nimmt uns jemand unser Leben, zerstört er unseren Körper, dann können wir mit unserer Inkarnation nicht fortfahren. Wir sind dann gebunden, obwohl wir solch eine Gebundenheit bewusst nicht haben wollten. Doch an was sind wir als Opfer gebunden? An die Tat, genauso wie der Täter. Es kann nicht sein, dass wir einfach nur Opfer einer Tat werden, unseren Körper liegen lassen, durch unser Licht gehen und auf eine neue Inkarnation warten, ohne dass wir mit der vergangenen Inkarnation noch irgend etwas zu tun hätten. Und was haben wir damit noch tun? Was ist unsere Aufgabe in einem solchen Fall? Wenn wir Opfer einer Tat geworden sind und darüber unseren Körper verloren haben, dann haben wir uns im wahrsten Sinne des Wortes auch der Opferung zur Verfügung gestellt - schauen wir uns auch das genauer an:

Bevor eine solche Tat geschehen kann, verabreden sich das Opfer und auch der Täter auf der Astralebene, um der zukünftig geplanten Tat zuzustimmen. Ja, Sie lesen richtig, keine Tat kann ohne das gegenseitige Einverständnis geschehen. Doch warum sollte sich ein Mensch freiwillig für eine solche Tat zur Verfügung stellen? Das kann sehr unterschiedliche Gründe haben. Gehen wir ein paar dieser Gründe einmal gedanklich durch und beschäftigen uns nun mit dem Opfer:

- Es kann sehr wohl sein, dass das heutige Opfer in einem früheren Leben selbst Täter war und nun durch die Opferthematik das Täterdasein auflösen möchte. Die Seele stellt sich selbst einem Täter (vielleicht sogar das frühere Opfer, doch ist das eher selten der Fall) zur Verfügung und lässt sich umbringen. Warum? Um eine wichtige und prägende Erfahrung zu machen: Nun weiß es, dass es weder nochmals einen anderen umbringen würde, noch selbst in die Opferform zu gehen braucht.

Wir können zumeist nur ermessen, wie es sich anfühlt, wenn wir es selbst durchlebt haben. Auch die meisten Täter sind sich dessen nicht bewusst, dass sie im Grunde genommen dazu bereit sein müssen, die gleichen Schmerzen zu ertragen, die sie dem Opfer zugefügt haben. Und damit wir sicher sein können, dass wir dies erfahren werden, stellen wir uns im nächsten Leben für eine solche Tat zur Verfügung.

- Eine andere Möglichkeit ist die, anderen mit dem Mord etwas zeigen zu wollen. Manchmal sind Seelen bereit sich zu opfern, um anderen ein Mahnmal zu setzen. Diese Märtyrerseelen stellen sich bewusst zur Verfügung, um die Menschheit wachzurütteln.

Die meisten Menschen wollen sich nicht intensiv mit den dunklen Bereichen des Lebens auseinander setzen. Doch wir können uns nicht nur dem Licht zuwenden, wir müssen uns auch die Schattenseiten anschauen. Tun wir das nicht, dann würden wir ewig in der Warteschlange stehen, nur um zu erkennen, um was es geht. Würden wir die Bereitschaft in uns tragen, öfter mal einen Blick auf die Schattenseiten zu werfen, könnten wir mit unserem Leben viel einfacher umgehen. Wir bräuchten uns dann nicht immer wieder von den Schattenseiten einholen zu lassen.

- Eine andere Möglichkeit ist die, Menschen, denen es nicht besonders gut geht, durch den Tod einen Teil ihrer Last abzunehmen. Es gibt genug Menschen, die sehr verstrickt mit anderen ihren Lebensweg beschreiten und nicht mehr wissen, wie sie alles klären sollen. Gerade diese Menschen brauchen besonders viel Aufmerksamkeit. Stellen sie sich nun einem Mord zur Verfügung, dann entledigen sie sich eines Teils ihrer Verstrickung und schaffen sich somit eine neue Bewusstseinsebene.

Eine Seele, die in dem Fortbestehen der Inkarnation keinen Sinn mehr sieht und dieses Leben abschließen will, kann sich einem Mord zur Verfügung stellen. Der Vorteil liegt dann darin, das Leben zu beenden und durch den Abschluss einen Teil Lichtenergie und Klärung in die eigene Dunkelheit zu bekommen. Doch Vorsicht - Entscheidungen darüber werden auf der Astralebene gefällt, würden Sie sich einfach nur zur Verfügung stellen, würden Sie mit Sicherheit bitterlich enttäuscht werden.

- Dann gibt es noch die Möglichkeit, dass sich Opfer und Täter erneut treffen und sich wieder in derselben Rolle gegenseitig zur Verfügung stellen, um der erneuten Versuchung zu widerstehen. Denn die Aufgabe in diesem Leben lautet, dass sich jeder selbst schützen soll. Das Opfer vor dem Opferdasein, es soll sich schützen, und der Täter vor dem Täterdasein, er soll sich zügeln. Doch leider passiert es häufig, dass diese Menschen sich erneut in die Gefahr begeben und es dann wider Erwarten zu einer weiteren Tat kommt, obwohl dies keiner bewusst - weder Opfer noch Täter - wollten. Doch die Täterenergie lag im Raum verstreut und hat nun ihr Übriges dazu beigetragen.

Im Grunde genommen müssen wir alle lernen. Sollten wir dann aus Dummheit unachtsam sein - dafür werden wir gleich noch ein paar Beispiele erhalten - und unvorsichtig mit unserem Leben verfahren, dann kann es uns passieren, dass wir erneut gewaltvoller Energie ausgesetzt sind und dies solange, bis wir lernen, anders mit uns umzugehen. Wir spüren die in früheren

Leben begangenen Taten stets im Vordergrund. Und somit kann es uns wieder passieren, dass wir erneut unseren Körper verlieren, obwohl wir dies bewusst gar nicht wollten.

Viele Mordopfer haben einen für Außenstehende sehr schwer begreiflichen Bezug zu der an ihnen vollbrachten Tat. Wir müssen, damit wir das System besser verstehen lernen, uns noch einmal vor Augen führen, dass ein Mensch, der einem Täter zum Opfer fällt, dieser Opferung zugestimmt haben muss. Das läuft nach dem gleichen Prinzip ab, wie die Geburt und Entstehung eines neuen Menschen, eines Babys. Auch hier verabredet sich die Seele, die inkarnieren will, mit der Mutter und auch dem Vater, und kurz vor der Inkarnation wird diese Verabredung noch einmal bestätigt. Somit kann es keine ungewollten Kinder geben. Die Überraschung mancher Eltern und besonders einiger Väter, die angeblich nicht Eltern/Vater werden wollten, ist nur eine Verdrängung der astral verabredeten Tatsache. Und genauso ist das mit all den Aspekten, die uns im Leben widerfahren. Sie tauchen in unserem Leben nur auf, weil wir sie haben wollten.

Das mag sich jetzt für Sie sehr fremd anhören, ist jedoch so gemeint, wie ich es geschrieben habe. Doch folgen Sie meinem Blick und schauen sich die Astralebene genauer an. Dort befinden sich alle Seelen, die noch inkarnieren wollen und die ihre Inkarnation auch vorbereiten. Jede Seele schließt ihr Leben am Ende in Verbindung mit einem Lichtwesen - dem allgemein umfassenden Wissen - ab. Sie ist dann wieder multiple - kennt also die unterschiedlichen Energiespaltungen, die es noch zu bereinigen gibt - und auch allwissend. Somit legt sie selbst fest, was sie für die nächste Inkarnation braucht. Sie hat für die Rolle Mensch/Person, die da inkarnieren wird, kaum Mitgefühl. Ihr Ziel ist es, diesen Menschen/diese Person so nah wie möglich an das Ziel zu bringen und da kann fast jedes Mittel recht sein. Wir brauchen dann in unserem Leben nur noch auf die passenden Mitspieler zu treffen, um sicher sein zu können, dass wir das, was wir lernen wollen, auch schaffen werden. Und somit sind die Seelen, mit denen wir uns in vorherigen Leben schon verstrickt haben, ideale Partner, um uns erneut zu begegnen und uns den Weg zu weisen. Denn wir selbst brauchen andere, um verstehen zu lernen. Somit sind, aus dieser Perspektive betrachtet, die Personen, die uns am meisten schaden können, die idealen Wegweiser, um uns vor eine ähnliche Lebenssituation zu stellen, nur um zu verstehen, dass wir in diesem Leben anders handeln müssen. Nur die Gefahr in einer Inkarnation ist, dass der Mensch wieder zu wenig Kontakt zu seinem göttlichen Lichtkern hält und dann passiert es schnell, dass wir uns wieder verstricken und erneut durch dieselben Hände unser irdisches Lebenslicht - hier ist nur der Körper gemeint – ausgelöscht wird. Wir stellen uns also ähnlichen Konstellationen wie in früheren Leben, in der Hoffnung, in diesem Leben anders zu reagieren. Schauen wir uns das anhand eines einfacheren Beispieles genauer an.

Die Wiederholungstat

Nehmen wir ein Beispiel, indem wir ein Paar vorstellen, welches große Probleme hat, Partnerschaft miteinander zu leben. Der Mann lebt eine absolute Dominanz und versucht die Frau zu unterdrücken. Die Frau lässt sich auch unterdrücken und steht in einer direkten Opferhaltung ihrem Mann gegenüber. Die Ehe gleicht mit der Zeit einer Hölle, da der Mann immer entwürdigender mit seiner Frau umgeht, solange sie sich ihm unterordnet. Das heißt, auf der einen Seite erwartet er die Selbstaufgabe und auf der anderen Seite stellt er sich auch dagegen. Die Frau muss lernen, ihn nicht mehr so stark zu gewichten und die eigenen Grenzen festzulegen.

In unserem Beispiel wird deutlich, dass der Mann sehr gewalttätige Anteile in sich trägt, die er an Schwächeren - beispielsweise seiner Frau als Opfer - auslebt. Er muss lernen, einen anderen Menschen zu schätzen. Die Frau hingegen muss lernen, ihre eigenen Grenzen zu setzen und sich selbst treu zu bleiben. Doch durch die innere Angst- und Opferthematik kann ein anderer Mensch so übergroß in ihrem Leben regieren, dass sie selbst von ihrem Weg abkommt. Gehen wir davon aus, dass die Ehe der beiden immer schlechter und erst durch den Tod eines der Partner zu einem „Ende“ geführt wurde. Die Frau wollte nicht mehr in dieser, für sie ausweglosen Situation leben und hat sich mit Erfolg gegen ihr eigenes Leben gestellt. Dann eines Tages schied sie dahin. Der Körper starb und die Seele begab sich auf die andere Ebene. Doch den Blick in ihr inneres Licht eingetaucht, zeigte ihr sehr deutlich, wie sie sich hätte verhalten müssen. Sie erkennt schweren Herzens, dass sie mal wieder ihrem Mann/der anderen Seele viel mehr Energie zur Verfügung gestellt hat, als es richtig gewesen wäre. Nun erkennt sie, dass es genau ihre Aufgabe ist, sich diesem Mann zu widersetzen und sich selbst zu leben. Da die beiden verheiratet waren und eine ungeklärte Ehe nicht durch Tod einfach so zu lösen ist, sieht sie ein, dass sie/die beiden es erneut probieren müssen.

Ein paar Jahre später stirbt auch sein Körper und auch er gleitet auf die Astralebene. Nun treffen sich die beiden wieder. Beide erkennen auf dieser Ebene schnell, welche Fehler sie in der Inkarnation gemacht haben. Auf der Astralebene verstehen sie sich prächtig. Doch nun ist es an der Zeit wieder zu inkarnieren, um die Übung - das Auflösen der Täter- und auch Opferthematik - zu inszenieren, immerhin tragen beide diese Problematik immer noch in sich. Beide fühlen sich als Täter und auch als Opfer. Denn auch ein Opfer ruft den Täter zur Tat auf, das sollten wir uns vor Augen führen. Somit sind sich beide einig, sie sind das ideale Paar, um der Versuchung, wieder in das alte Rollenmuster zu verfallen, gemeinsam zu trotzen. Sie planen beide, im nächsten Leben erneut in eine Ehe zu gehen, um den Verbund entsprechend stark zu prägen.

Dann endlich ist es so weit, der Tag ist gekommen und die Inkarnationsphase beginnt. Beide gehen zu etwas unterschiedlichen Zeiten in die Inkarnation hinein, jeder zu den Eltern, die er braucht. Gerade die Eltern spielen eine wichtige Rolle, um sich der zukünftig gestellten Aufgaben bewusst zu werden. Sie prägen unser Leben enorm mit. Und da wir alle miteinander verabredet sind, können wir uns sicher sein, dass wir unserer inneren Aufgabe mindestens in Teilen gerecht werden.

Auf der einen Seite sind Kinder die stillen Beobachter ihrer Eltern im Umgang miteinander. Und auf der anderen Seite brauchen wir die Eltern, um über deren Verhalten den Umgang mit uns selbst zu erfahren. Jeder lebt nach seiner Fassette, so wie es ihm beliebt. Und damit die Frau in unserem Beispiel in diesem Leben erneut lernt, wie der Umgang mit einem Partner sein kann, wählt sie sich Eltern, die miteinander im Streit leben. Sie trainiert die in sich alt geprägte Struktur neu, damit diese eine besonders gewichtige Aussage für ihr Leben erhält. Der Vater legt all seine Wut über sein Leben - und besonders die erlebte Mutter, die seines Erachtens sein Leben zu stark beeinflusst hat - auf seine Frau und auch seine Tochter. Frauen sind Menschen zweiter Klasse, damit versucht er sich im Leben zu trösten, das gibt ihm für kurze Zeit einen Funken Stärke und auch Macht zurück. Doch all das nützt ihm wenig, denn auch er muss lernen, wie man sich dem anderen Geschlecht gegenüber zu verhalten hat. Er muss lernen, seiner Mutter gegenüber wieder seine eigene Macht für sein Leben zu übernehmen. Und was ist mit seiner Frau? Die bibbert vor seinen Gewaltattacken und weiß nicht, wie sie damit umgehen soll. Sie fühlt sich mit all der belastenden Aufgabe allein gelassen und stützt sich ein wenig auf ihre Tochter, die dieses Verhalten doch so gut aus früherer Inkarnation heraus kennt - nur dass sie dies vergessen hat - doch tief im Inneren trägt sie tiefe Emotionen bezüglich dieser Sache in sich. Sie hilft der Mutter und entwickelt darüber ein Verständnis für das Opfer/die Mutter und somit auch ein wenig über die eigene Opferthematik.

Somit lernt die Tochter schon in der Kindheit, ihr eigenes Verhaltensmuster aus einer anderen Perspektive zu betrachten und erneut zu erkennen. Sie steht sich jedoch selbst und ihrer eigenen Entwicklung im Weg, würde sie jetzt hauptsächlich nur an ihre Mutter und deren Leid denken. Es gibt zwar viele Menschen, die denken, dass sie genau das tun müssen, doch das stimmt nicht. Wir können kaum fühlen, wie sich ein anderer wirklich fühlt, wir können es höchstens nur erahnen. Aus diesem Grunde sind wir auch nicht in der Lage klar und deutlich zu spüren, was der andere braucht. Doch wie viele glauben, dass sie sich von ihrer eigenen Last befreien könnten, wenn sie sich um andere kümmern? Nach dem Motto: Die gute Tat muss doch vom Kosmos belohnt und meine eigenen Probleme von mir weggenommen werden. Doch auch das wird nicht funktionieren. Wir können uns immer nur selbst helfen. Der Blick mehr auf andere gerichtet scheint uns manchmal gut zu tun, um die eigenen Augen geschlossen zu halten. Doch nichtsdestotrotz, wir lernen auch über andere, uns selbst emotional zu berühren. Sollten wir jedoch den Blick für uns selbst verschlossen halten, dann wird uns das auch nur wenig nützen. Dann brauchen wir zumeist härtere Erfahrungswerte, damit wir endlich bereit sind, auf uns zu schauen.

Und so auch in unserem Fallbeispiel, die Tochter lernt über die Mutter ihr eigenes Mitleid zu erfahren. Würde sie jedoch all ihre Gefühle, die sich mehr und mehr in ihr breit machen, nur im Verbund zur Mutter sehen, dann würde sie bewusst wieder versuchen, sich gegen sich selbst zu stellen. Desto schwieriger wäre ihre Lernaufgabe in ihrem eigenen Leben und das wiederum kann es nicht sein.

Doch verfolgen wir ihren Weg weiter - sie ist groß und erwachsen geworden, und nun bereit sich ihrem eigenen Leben zu stellen. Sie ist alt genug, auf Partnersuche zu gehen. Unbewusst hält sie Ausschau nach dem Partner, den sie karmisch kennt, der sie verletzen kann und durch den sie lernen muss Grenzen zu setzen, um sich selbst die Treue zu halten. Wäre ihr ihre Aufgabe bewusst, klar und deutlich vor Augen, dann könnte sie mit diesem Bereich ganz anders umgehen. Doch leider wird es auch ihr passieren, dass sie das übliche Bild, welches die meisten Suchenden in ihren Köpfen halten, als ihr eigenes annehmen und Ausschau nach einem Partner halten wird, der sie glücklich machen soll. Bestimmt denkt sie bei dem Wort Glück auch an das Unglück der Mutter und damit befindet sie sich auf der direkten Schiene ihrer Suchaktion, um den für sie passenden Partner zu finden. Bevor sie jedoch auf ihren zukünftigen Mann - mit dem sie karmisch verabredet ist - treffen wird, wird sie noch andere Partnerschaften eingehen. Doch damit wollen wir uns jetzt nicht weiter beschäftigen, sondern wenden den Blick auf die Kindheit des zukünftigen Mannes.

Der Mann selbst inkarniert in eine Familie, in der Frauen als Menschen zweiter Klasse behandelt werden. Sein Vater lebt seine Macht über die Ohnmacht der weiblichen Familienangehörigen. Seine Mutter und auch seine Schwester sind davon schwer betroffen. Ihm selbst bereitet das Zusehen des Dilemmas sehr viel Angst. Immerhin erinnert er sich unbewusst daran, wie er selbst Frauen behandelt hat. Und doch bildet sich in ihm wieder eine Struktur, die Ähnliches von ihm erwartet, somit hat er eine Pro- und Kontraeinstellung in sich gebildet. Auch er wird erwachsen und die Kindheit hinter sich lassen. Der anfängliche Kontakt zu Frauen, an denen er üben will, mit dem weiblichen Geschlecht umzugehen, wird ihm nicht schwer fallen. Immerhin wird er einige Beziehungen eingehen, die eher oberflächlicher Natur sind. Seine Angst vor Nähe und dem Ausbruch seiner innerlich geprägten Strukturen, werden ihn emotional zurückschrecken lassen. Und dann, eines Tages, kommt der große Tag - beide begegnen sich, wie einst verabredet, und sind sich gleich sehr nah. Tief im Inneren erinnern sie sich, sie kennen sich. Und die Frau hat direkt das Gefühl, dies ist mein Mann. Wie wahr, wie wahr - nur, dass sie nicht sehen kann, warum das so ist.

Der Ablauf einer karmischen Verabredung

Nun endlich ist es so weit, die beiden treffen aufeinander und haben auch das unumgängliche Gefühl, zueinander zu gehören. Tief im Inneren erinnern sich beide an die Verabredung und wollen nun das miteinander leben, was sie sich einst vorgenommen haben. Unbewusst sind sie sich beide aber auch sicher, dass sie sich wieder verletzen werden. Immerhin ist es das, was sie einst miteinander erlebt haben und was immer noch an ihnen haftet. Somit erwartet ein Teil in der Frau, dass der Mann wieder damit anfangen wird, sie einzusperren. Durch das Wissen um die zur Zeit noch ruhenden Aspekte in ihnen haben sie auch gleichzeitig ein wenig Angst voreinander. Anteile in ihnen wissen genau um die Anteile im anderen, die wieder zur Tat schreiten werden. Aus dieser Perspektive betrachtet, ist alles genau vorausgeplant.

Somit holen beide automatisch ihre alten Strukturen nach vorne ins Bewusstsein. Und wenn der erste Blick des Verliebtseins ein wenig verschwunden ist, dann tritt die nüchterne Realität nach vorne und beide fangen an zu erkennen, um was es geht. Früh genug erfahren wir anhand von Mustern unseres Gegenübers, was auf uns zukommen wird. Immerhin geht es uns in einem solchen Fall mehr darum, die gleichen Muster noch einmal zu erleben, um diesmal anders zu handeln. Das ist die Aufgabe der Wiedervereinigung, das Erkennen der inneren Disharmonie und somit das Wandeln dieser.

Anfänglich werden die gewohnten, unangenehmen Strukturen nur wenig nach vorne kommen, doch mit der Zeit werden sich diese Ebenen immer mehr breit machen. Wenn die gewohnte Konstellation komplett wieder aktiviert ist - und das geht nur, wenn wir ähnliche Voraussetzungen schaffen - dann wird der Spuk erst richtig losgehen. Also müssen die beiden auch wieder heiraten. Natürlich wird in beiden vor der Heirat ein Gefühl von Skepsis aufkommen, immerhin wissen sie tief im Inneren, worum es geht. Und mal ehrlich gesagt, wir können uns alle gut vorstellen, dass wir am liebsten den einfachsten Weg für unser Leben wählen. Das geht jedoch nur, wenn wir auch lernbereit sind. Sollten wir früh genug verstanden haben, worum es geht, welche Lernaufgabe wir zu erfüllen haben, dann werden wir mit unserem Leben viel einfacher verfahren können. Denn im Grunde genommen müssen die beiden nicht unbedingt heiraten, immerhin reichen die Beziehung und das Erlernen und Verstehen der Problematik vollkommen aus. Doch sollte es nicht verstanden werden, dann wird in einem solchen Fall eine Ehe wohl unumgänglich sein. Und genauso wird es auch in unserem fiktiven Fallbeispiel kommen. Beide heiraten und die Ehehölle kann beginnen.

Der Mann wird seine innerlich gestaute Wut immer stärker auf seine Frau abwälzen. Die Frau wird diese empfangen und stets weiter in die Opferrolle abgleiten. Und irgendwann hat die Liebe verloren und die Lernaufgabe gesiegt. Sie steht im Vordergrund und der Gedanke an die Pein, die man durch den Partner erlebt, steht immer mehr im Mittelpunkt der Beziehung. Der Gedanke an eine Trennung kommt in ihr stets höher. Sie kann an nichts anderes mehr denken, als an die Loslösung von ihrem Partner. Tief im Inneren fühlt sie sich mit der Situation absolut überfordert. Sie weiß nicht mehr, was sie tun kann. Alles dreht sich nur noch um den einen Gedanken: „Wie kann ich dieser Beziehung entfliehen." Mehr und mehr manifestiert sich dieser Gedanke in ihr. Immer deutlicher rückt das Bild der innerlich gelebten disharmonischen Partnerschaft nach vorne und dann endlich, eines Tages packt sie ein paar Sachen zusammen und geht. Völlig erschöpft kommt sie bei einer Freundin unter, die sich um sie kümmert. Natürlich wird er toben, ganz so wie es ihm entspricht, doch all sein Gezeter nützt nichts mehr - er hat sie verloren und das endgültig.

Nun denkt auch er nach und spürt in sich hinein: „Habe ich vielleicht etwas falsch gemacht?“ Mehr und mehr manifestiert sich dieser Gedanke in ihm. Welche Fehler sind mir unterlaufen? Er hat sich wenig um die Bedürfnisse seiner Partnerin gekümmert, sondern hauptsächlich nur um seine eigenen und das wiederum war für ihn sehr schwierig zu ertragen. Er versteht sie nicht und will sie auch eigentlich gar nicht verstehen. Er schaut nur darauf, wie sie seines Erachtens funktionieren müsste. Immerhin ist ihm nicht bewusst, dass er im Grunde genommen nur auf sich selbst wütend ist und diese Wut auf einen anderen umzuladen versucht. Er hat sich kaum unter Kontrolle. Immer wieder rastet er in Wutgedanken aus, nur um seinem Kummer Luft zu machen. Dass er dabei andere verletzt, das sieht er sehr wohl, nimmt sich jedoch das Recht heraus es zu tun. Nun schaut er auf seinen Vater und erkennt, dass auch er genauso gelebt hat. Auch der Vater hat seine Wut immer über die Mutter und auch teils über seine Kinder und auch über ihn entladen. Mehr und mehr erkennt er sein Verhaltensmuster, welches er gelebt hat und mehr und mehr wird ihm auch bewusst, wie sich seine Frau an seiner Seite gefühlt haben muss. Nun taucht in ihm ein Gefühl der Reue auf und er möchte unbedingt mit seiner Noch-Ehefrau darüber reden. So macht er sich auf den Weg, um sie aufzusuchen.

Sie öffnet ihm die Tür und die Freundin stellt sich als Schutz hinter sie. Er bittet um Einlass, da er ein Gespräch wünscht. Sie gewährt ihm dies und bereitet ihm einen Kaffee. Er nimmt auf der Couch Platz und fängt an zu erzählen, über all das, was er nun erkannt hat. Er gibt ihr ein Gefühl des Verständnisses. Sie freut sich darüber, denn wie lange hat sie darauf gewartet, dass er endlich auch sie versteht. Beide kommen sich in der Situation emotional näher, beide spüren sich wieder ein Stück. Auch die Liebe der beiden scheint wie ein leichter Sommerstrahl wieder durch. Doch letztlich ist das Drama, die Schattenseite der Beziehung, stärker im Vordergrund und siegt.

Nach langem Reden fragt er sie, ob sie bereit wäre, noch mal zu ihm zurückzukommen. Sie schüttelt den Kopf: „Nein", ist ihre Antwort. Sie weiß genau, dass dies nichts bringen würde und will sich auch unter keinen Umständen der Situation ausliefern. Sie steht in ihrer eigenen Mitte und will sich selbst spüren, nur das ist ihr wichtig. Sie kann sich einen erneuten Versuch mit ihm als Partner nicht vorstellen. Die Angst, dass beide wieder in dasselbe Verhaltensmuster fallen, ist einfach zu groß, also stellt sie sich gegen das Angebot.

Doch eins möchte sie mit Sicherheit, mit ihm Frieden schließen. Immerhin erkennt auch sie, dass sie beide zu dem Spiel beigetragen haben und so macht sie ihm den Vorschlag, dass sie beide ein eigenes Leben ohne diese Partnerschaft führen und trotzdem versuchen, gemeinsam ab und zu etwas zu unternehmen. Das heißt im Klartext, die Partnerschaft wird aufgelöst, doch eine gute Bekanntschaft, vielleicht sogar Freundschaft soll entstehen. Denn je öfter die beiden sich treffen, je klarer sie sich ihrem eigenen Leben stellen, je mehr einer den anderen achtet, desto weniger laufen sie Gefahr, sich im nächsten Leben erneut treffen zu müssen.

Schauen wir uns das genauer an. Die Aufgabe dieser Beziehung war, sich mit dem anderen zu verbinden, um sich dann freiwillig wieder zu lösen, sollte der andere erneut über die eigenen, nicht klar gesetzten Grenzen gehen. Sich also nicht der schwierigen Lebenssituation so zu stellen, dass ein inneres Absterben das Aushalten der Beziehung sichert. Die Aufgabe lautete: In Lebenslust den Weg aus dem ursprünglich geprägten Gefängnis zu finden. Diesen Weg haben beide - sie war die treibende Kraft - beschritten. Doch was wäre, wenn sie sich nicht gelöst hätte? Was wäre dann, wenn auch er diesen Schritt nicht unternommen hätte? Wer weiß, vielleicht lag dies gar nicht in seiner Absicht? Doch eins ist sicher, wenn einer das Spielfeld verlässt, dann ist auch der andere frei. Somit erledigen wir für unser Gegenüber auch automatisch einiges mit, wenn wir den ersten Schritt wagen. Sie könnten sich jetzt bewusst dagegen stellen, nach dem Motto, ich will ihm doch nicht noch Gutes tun. Doch wäre diese Einstellung bestimmt nicht sonderlich sinnvoll, immerhin sollten Sie nur an sich denken und nicht an den anderen. Und wenn Sie sich dann trennen wollen, dann tun Sie es. Darauf zu warten, dass der andere es tun wird, wäre müßig, immerhin wird er nur nach seinen eigenen Lebensprinzipien leben und nicht anders.

Doch was ist mit all dem Leid, was sich auch in diesem Leben zwischen den beiden aufgebaut hat. Natürlich können wir in einer solch aufgeführten Konstellation davon ausgehen, dass sich die Partner verletzen - und das gegenseitig. Sollte es auch so aussehen, dass der Mann die Frau nur „steinigte“, so sind doch auch Anteile in ihr zu finden, die dies zugelassen und auch innerlich bestätigt haben, das sei mal sicher. Beide tragen somit zu dem Dilemma bei. Das ist ganz wichtig zu wissen, da wir ansonsten dazu neigen könnten, im Schmerz an den anderen zu denken und das kann es nicht sein. Also müssen wir schon auf uns selbst Acht geben.

Doch was machen wir nun mit all dem Schmerz, den wir während dieser Lebensphase über unseren Partner erfahren haben? Die meisten sind in einem solchen Fall lange Zeit wütend. Der Partner ist der Verantwortliche der inneren Schuldthematik. Erst mit der Zeit glätten sich die Wogen ein wenig. Sollten wir jedoch zu lange den Schmerz in uns halten, dann kann es sehr wohl sein, dass wir immer wieder in einem inneren Zwiespalt an den Partner denken. Wir merken solche Unebenheiten auch gerade dann, wenn eine Scheidung mit zu viel Schmerz und Streit einhergeht. Dann sind sich beide noch nicht einig, wer der „Schuldige", der Schmerzbringer war. Der Blick hinüber zum anderen scheint dann zumeist einfacher zu sein, als auf sich selbst zu schauen. Doch gerade damit ist keinem geholfen. Jeder muss schon auf sich selbst blicken.

Sollten wir all die Wut und Verzweiflung nicht abbauen, dann übernehmen wird diese Themen in unser Karma und werden uns in einem nächsten Leben wieder mit demselben Partner auf einer intensiven Ebene auseinander setzen. So ist das halt. Wenn wir das umgehen wollen, dann gibt es nur eine Lösung - im jetzigen Leben mit ihm/ihr Frieden zu schließen und das geht nur über das Verständnis zu sich selbst, zur Situation und dann für den anderen. Und damit werden wir uns jetzt näher auseinander setzen.

Die Vergebung der eigenen „Sünden“

Das wichtigste bei karmischen Verstrickungen ist das Ausheilen von erfahrenen Verletzungen. Um das noch einmal deutlicher zu erklären: Wir alle erleben durch das Zusammentreffen mit anderen Wesen/Menschen Situationen, die für uns schädlich sein können. Die Kunst des Lebens ist es somit, sich anderen zu stellen, ohne dabei eine Verletzung zu erleben. Wir alle wissen doch genau, wo Gefahrenquellen auf uns warten und auch, wie wir mit so manch brenzliger Situation umzugehen haben. Die meisten Menschen vermeiden Gefahr und das zu Recht. Warum sollen sie sich einer Gefahr aussetzen? Natürlich gibt es Menschen, die Gefahren bewusst aufsuchen. Diese brauchen den Nervenkitzel, um das Besondere erleben zu können. Doch die meisten Menschen schützen sich und so soll es auch sein.

Doch nichtsdestotrotz erleben wir Situationen, die uns verletzen, die wir jedoch auch brauchen, um etwas zu erkennen und zu lernen. Somit erleben wir Gegenspieler, um uns zu erinnern, was wir uns einst selbst aufgetragen haben. Doch was nützt es uns, wenn wir uns dann nur mit den anderen Personen im Außen beschäftigen und uns über sie ärgern. Am besten können wir mit solch einer Situation umgehen, wenn wir erkennen, dass wir den anderen gebraucht haben, um uns selbst besser verstehen zu lernen. Doch damit wir überhaupt den Blick der Erkenntnis erhaschen können, müssen wir lernen, die Situation entsprechend zu verstehen, anders geht es nicht.

Also sollten wir darauf achten, wie wir mit uns selbst umgehen. Da die meisten Menschen immer noch denken, dass das Leben leicht und locker sein muss, sind sie dann völlig überrascht und entsprechend traurig, wenn sich herausstellen sollte, dass ihr Leben anders verläuft, als sie sich das vorgestellt haben. Dann fühlen sie sich zumeist als Außenseiter, der nicht in der Lage ist, sich das Leben angenehm zu gestalten. Doch genau das stimmt nicht. Wir alle können unser Leben in all der Vielfalt genießen und als schön empfinden, nur müssen wir auch bereit sein, uns den Aufgaben unseres Lebens zu stellen.

Sollten wir uns somit dagegen stellen, dann haben wir ein wirkliches Problem. Denn unsere Lernthemen holen uns ein und wenn wir nicht bereit sind, uns diesen bewusst zu stellen, dann leben wir gegen uns und wissen nicht, wie wir mit unserem Leben verfahren sollen. Wir leben dann ein Leben, welches wir bewusst so gar nicht haben wollten, fühlen uns deplatziert, haben das Gefühl, den anderen geht es besser und wissen nicht, wie wir mit all dem erlebten Schmerz umgehen sollen. Wir stellen uns gegen uns und das ist das Problem. Erst wenn wir mit uns selbst glücklich sind, wenn wir uns bewusst den Aufgaben unseres Lebens stellen, erst dann werden wir auch mit uns selbst zufrieden sein. Vorher wird das nicht funktionieren können.

Wenn wir diese Einstellung zum Leben gewinnen, dann wird es uns gleich viel besser gehen. Doch was machen viele Menschen? Sie stellen sich gegen sich, sind teilweise wütend auf sich selbst, da sie sich in Lebenssituationen ausgeliefert fühlen, ihr Leben so und nicht anders erleben, ohne sich bewusst zu werden, woher das eigentlich kommt. Oftmals sind sie aber auch sauer auf ihre eigenen Handlungsweisen und Reaktionen im Leben. Doch all die gestaute Wut wird wenig zum Erfolg des Lebens beitragen, dessen sollten wir uns sicher sein. Die Lösung dieses Problems liegt alleine in der Akzeptanz des eigenen Lebens. Erst wenn wir unser Leben so annehmen, wie es ist, werden wir auch damit Frieden schließen können. Doch was machen viele? Sie leben in Traumwelten und warten auf den Tag, an dem der Prinz auf dem weißen Schimmel vorbeigeritten kommt, um endlich die Prinzessin aus der Sklavenhaltung zu befreien. Doch je mehr wir träumen, desto weniger leben wir in der Realität und desto schwieriger wird es letztlich für uns sein, unser Leben bewusst zu leben. Sie sehen selbst, wir kommen nicht drum herum, unser Leben mit all seiner Vielfalt anzuerkennen und uns an dem zu erfreuen, was uns zusteht.

Wir müssen uns schon klar werden, was wir wollen, bevor wir eine Änderung herbeiführen können. Die Akzeptanz unseres Lebens, so wie es für uns verläuft, so wie wir uns das einst vorgenommen haben, ist das Sinnvollste, was wir anstreben können. Immer dann, wenn wir uns gegen uns stellen, werden wir damit Probleme haben, unser Leben als schön zu betrachten. Doch je klarer wir sind, desto besser für uns. Wir müssen also lernen, anzuerkennen, wer und was wir sind. Wir müssen uns selbst mit all unseren Macken und Fehlern annehmen lernen. Wir müssen uns verzeihen, all die „Fehler", die wir begangen haben. Haben wir gelernt, mit uns tolerant umzugehen, dann werden wir mit unserem Leben eher Frieden schließen können. Immerhin sind wir es selbst, die sich das Leben schwer machen, nur dass wir dies zumeist vergessen haben. Warum wir uns das Leben schwer machen? Ganz einfach, wir können schlecht verzeihen. Wir können schwer Frieden schließen mit dem, was wir erlebt und auch gelebt haben. Wird uns das klarer, könnten wir mit erlebten Lebenssituationen ganz anders umgehen. Also eine Grundregel ist: Lernen Sie, sich selbst und auch dem anderen zu verzeihen. Können wir das, dann verliert das Dunkle und für uns Belastende sehr schnell sein kaltes Gesicht - dieser Teilaspekt in unserem Leben steht dann nicht mehr außen vor, sondern ist von uns selbst integriert worden.

Wüssten wir das, dann würden wir mit Karma und unseren Lernthemen viel einfacher umzugehen wissen. Doch nach welcher Regel leben die meisten Menschen? Was spiegelt uns die Gesellschaft? Permanent kriegen wir schöne Bodys präsentiert und sollte unser eigener nicht mehr der Norm entsprechen, dann wird uns sogar geraten, eine chirurgische Änderung vornehmen zu lassen. Woher kommt das? Viele Menschen sind mit sich selbst nicht im Reinen und wollen eine Änderung. Dies ist gerechtfertigt. Da die meisten jedoch eher den Blick nach außen gerichtet haben, werden sie auch auf dieser Ebene suchen. Das heißt, sie schauen auf ihren Körper und finden diesen nicht mehr normgerecht. Sie werden unsicher und meinen, dieses Manko ändern zu müssen. Das Prinzip des Klonens, was momentan eine wichtige Kommunikationskomponente darstellt, ist auch nur ein Sinnbild dessen. Doch das alles führt den Menschen nicht auf den wahrhaftigen Punkt. Immerhin will er alle Ecken und Kanten, die ihm an seiner eigenen Person nicht mehr gefallen, verändern, in der Hoffnung, endlich innerlich Frieden zu finden. Und sollte er den nach einer Schönheitsoperation kurzweilig gefunden haben, so werden doch die Narben einen anderen Blick geben.

Doch eins ist sicher, der Mensch trägt den Wunsch in sich, emotionale Erfüllung zu erleben, und hier müssen die inneren Schönheitsoperationen sehr wohl folgen. Immerhin tragen einige hässliche und disharmonische Narben in sich, die nach Klärung schreien. Je klarer wir uns darüber sind, desto besser können wir auch damit umgehen. Immerhin müssen wir in uns Frieden finden und das können wir nur, wenn wir endlich bereit sind, all die Aspekte, die wir in uns tragen, anzuerkennen. Doch das geht nur, wenn wir auch die Wahrheit sehen wollen. Immerhin sind wir so, wie wir sind und nicht anders. Und wir können nur eine Veränderung vornehmen, wenn wir auch innerlich eine

Wandlung haben wollen. Also müssen wir unsere innere Einstellung zu unserem Leben und zu unserer Person einmal kritisch durchleuchten. Solange wir die Fehler beim Nachbarn suchen, können wir uns selbst nicht erkennen. Erst wenn wir anfangen, bei uns selbst zu suchen, werden wir das finden, was wir brauchen, und nur darauf kommt es an. Wir selbst können unser Leben angenehm gestalten. Und nur wir selbst können mit uns Frieden schließen und das ist wichtig zu wissen.

Doch erst das Anerkennen des Ist-Zustands lässt uns eine Wandlung vollziehen. Wenn wir lernen, auf uns selbst zu schauen und das Leben mit all seiner Vielfalt anzunehmen, dann können wir mit Situationen, die uns das Leben spiegelt, ganz anders umgehen. Wenn wir erkennen, dass das Leben für uns nicht nur Schokoladen-, sondern auch Saure-Gurkenzeiten bereit hält. Dann wissen wir, dass all das, was uns begegnet, mit uns zu tun hat und dadurch wiederum werden wir unser Leben ganz anders verstehen lernen und nur darauf kommt es an. Das Verständnis für uns selbst, für unsere eigenen Handlungen wird uns einen inneren Frieden bescheren. Wir müssen lernen, uns selbst zu verzeihen, damit wir mit uns glücklich sein können, anders geht es nicht. Haben wir das verstanden, wird unser Leben uns eine Fülle von Informationen und Lebensfreude bereiten, die wir uns jetzt in unseren kühnsten Träumen kaum vorstellen können.

Verzeihen Sie sich selbst, dann können Sie auch Ihren Mitmenschen verzeihen und damit bauen Sie wirklich Karma ab. Immerhin brauchen Sie dann keine erlebten Schmerzen mehr in sich zu speichern. Sie sind dann frei und können neu anfangen und das ist wichtig zu wissen. Doch was ist mit Menschen, die anderen wirklich Schreckliches angetan und sich somit karmisch enorm verstrickt haben? Schauen wir uns auch das genauer an.

Die Reue - das gebildete Karma

Gehen wir mal zurück und beschäftigen uns noch einmal mit dem Thema Mord. Sie erinnern sich, wir hatten das Beispiel des Mannes, der seine Ex-Frau und dessen Freund ermordete, in der Hoffnung, endlich die eigene Ruhe zu finden. Doch so einfach ist das nicht, denn die Erfüllung der Wünsche kann so nicht eintreten. Immerhin können wir uns nicht zum Nachteil eines anderen bereichern und dann mit der Tat glücklich sein. Nach der Tat fällt es unserem Beispielstäter wie Schuppen von den Augen, was er angerichtet hat, wie egoistisch und blutrünstig sein Begehren war. Immerhin hat er sich inneren Situationen gestellt, seine Wünsche nach außen in die Tat umgesetzt und genau das hätte er nicht tun dürfen.

Doch eins ist sicher, um eine Mordtat überhaupt begehen zu können, müssen wir solch dramatische Aspekte schon in uns als Urnaturell gespeichert tragen, sonst könnte so etwas nicht passieren. Ein Mensch, der solche Aspekte nicht ins sich trägt, kann somit auch nicht zum Mörder werden, das sollten wir wissen. Das heißt, wir besitzen schon in einem solchen Fall Täteranteile in uns, die wie eine Zeitbombe in uns schlummern und irgendwann ans Tageslicht kommen wollen. Dann ist es so weit und all das, was wir in uns tragen, wird sich bemerkbar machen. Wir verfallen einem inneren Glauben, der uns dazu antreibt, solche Taten zu begehen. Dass es Realität werden könnte, daran denken wir zumeist nicht. Und dann urplötzlich stehen wir mit unserem Täteranteil im Vordergrund vor einem bibbernden Opfer und schlagen zu, ohne an die Konsequenzen zu denken. Natürlich gibt es auch geplante Mordsituationen, doch ist hierbei wohl eher eine andere Komponente gemeint. Ich spreche hier von emotional geladenen Aspekten, wobei der Täter den tiefen Glauben in sich trägt, dass er durch die Tat eine emotionale Linderung erfahren wird. Doch genau das Gegenteil tritt ein, die Ernüchterung nach der Tat wird ihn einholen. Und dann stehen wir in einem Chaos, mit dem wir uns irgendwie anfreunden müssen, anders geht es nicht.

Wir alle bestehen aus Teilpersönlichkeiten und wie wir eben erfahren haben, kann es sehr wohl Teile in uns geben, die zu solchen Taten fähig sind. Das passiert insbesondere dann, wenn wir auch schon in früheren Leben gemordet haben, dann kommt dieses Teil ins Bewusstsein und kann zu einer neuen Tat aufrufen. Die anderen Teilaspekte in der Person werden dann zumeist unterdrückt, so dass ein innerer Zwiespalt eingeräumt wird. Das Täterteil wird sich jedoch immer dominanter in den Vordergrund stellen und somit auch siegen können. Um solch einer Situation zu entgehen, gibt es nur eine Möglichkeit - gezielt darauf zu achten, wie unsere Teile in uns geankert sind. Je klarer wir auf unsere innere Meinung hören und uns die verschiedenen Aspekte in uns vor Augen führen, desto besser für unser Leben.

Doch, wie so oft, kommen die Anteile, die eine solch sinnlose Tat stoppen wollen, nicht mehr zu Wort und dann ist es passiert - ein Mord ist geschehen. Nun geht das Täterteil in den Hintergrund, immerhin hatte es gerade seinen großen Auftritt, den es sich vor der Tat schon x-mal vor Augen geführt hat, bis es endlich das vollenden konnte, was es wollte, dann geht es zufrieden innerlich auf einen anderen Platz. Nun kommen die anderen Teilaspekte der Person zu Wort und stehen fassungslos vor dem Ergebnis der Tat und wissen nicht, wie sie damit umgehen sollen. Immerhin hat die Person, als Ganzes betrachtet, etwas verübt, mit dem sich diese Teile nicht identifizieren können. Sie haben es ja, symbolisch betrachtet, auch gar nicht getan.

Doch was nun? Gehen wir davon aus, dass diese Person nun versuchen wird, die Tat zu verstecken. Das heißt, die Anteile in der Person, die zu solch einer Tat nicht fähig wären, werden versuchen, die Spuren zu verwischen. Und genau so passiert es dann auch in vielen Fällen. Der Täter verwischt seine Spuren, damit „keiner“ dahinterkommen kann, dass er der Täter ist. Wenn wir das jetzt noch genauer betrachten, dann sieht das in der Person so aus, dass das Teil, welches die Tat begangen hat, sich befriedigt zurückzieht. Es ist stolz auf seine Leistung. Andere Teile in der Person hingegen sind entsetzt, da sie nicht verstehen können, wie so etwas passieren konnte. Immerhin stehen sie selbst in einem inneren Zwiespalt, der viel hervorgerufen hat.

Die Anteile, die nun aufräumen wollen, werden dafür sorgen, dass alle Spuren beseitigt werden, immerhin sind sie für die Tat nicht verantwortlich. Und sollte ein Polizeibeamter diese Anteile bezüglich der Tat befragen, dann wird er genau diese Emotion gespiegelt bekommen. „Ich, das kann doch gar nicht sein“. Und recht haben diese Anteile, immerhin waren sie für die Tat nicht verantwortlich, sondern ein anderes Teil, was sich nun versteckt, und das zeigt bestimmt keine Reue.

Welcher Anteil in uns spürt nun Reue? Schauen wir uns das noch einmal genauer an. Die Anteile in der Person, die diese Tat nicht begangen haben, werden nun versuchen, die Spuren der anderen Anteile zu verwischen. Die Person an sich ist entsetzt, dass sie überhaupt zu so etwas fähig war. Doch der Täteranteil ist stolz auf seine Tat und will Trophäen sammeln. Er will, dass man sieht, dass er es getan hat. Er will auch gesehen werden. Dass er etwas Falsches gemacht haben könnte, sieht er zumeist nicht ein.

Ja, und das Teil, welches Reue erfährt, das ist ein übergeordnetes Teil, welches wieder Ordnung schafft, welches mit dem Täterteil in Opposition steht und weiß, wie gefährlich dieses Teil ist. Das Ordnungsteil will nun, dass das Täterteil geschnappt und zur Verantwortung gezogen wird. Immerhin können wir nur Karma abbauen, wenn wir auch innerlich dazu bereit sind, uns verantwortlich den Themen des Lebens zu stellen. Erst wenn wir innerlich, ohne Zwang, uns unsere eigenen Themen vor Augen führen, erst dann werden wir uns auch von unseren eigenen unangenehmen Aspekten befreien können. Wir alle wissen selbst am besten, was wir falsch gemacht haben. Immerhin spüren wir genau, welche Aspekte in unserem Leben nicht das Idealmaß waren. Also spüren wir unsere Verhaltensweisen nicht erst am Ende unseres Lebens, sondern immer wieder. Der Unterschied ist jedoch der, dass wir am Ende unseres Lebens keine Chance mehr haben, das irdische Leben zu nutzen, um ein anderes Verständnis für unser Leben zu bekommen. Somit brauchen wir dann eine neue Inkarnationsebene um aufzuräumen.

Die meisten Menschen spüren genau, welche Fehler sie begangen haben. Doch wie so oft versuchen viele diese belastenden Gefühle zu verdrängen. Viele Menschen gehen mit unangenehmen Lebenssituationen so um, dass sie ihre Mitmenschen für ihr eigenes Verhalten verantwortlich machen. Das heißt, sie suchen den Schuldigen im Außen, um innerlich ein wenig Frieden zu finden, was natürlich so nicht funktionieren kann. Die meisten spüren, dass sie sich selbst belügen, doch solange es irgendwie funktioniert, werden sie mit der Selbstlüge einigermaßen gut leben können. Doch was passiert mit diesen Menschen, die ihre eigenen Themen verdrängen wollen?

Da wir alle tief im Inneren unsere Aufräumthemen in uns tragen und auch einen inneren Helfer/Heiler haben, der uns hilft, auf unsere Themen aufmerksam zu werden, suchen diese Teilenergien in unserem Leben Möglichkeiten, die uns helfen werden, die innerlich und äußerlich gelebte Wahrheit zu erkennen. Je bewusster wir hinschauen, desto einfacher und klarer werden wir unser Leben gestalten können. Doch vielen Menschen ist diese gestellte Aufgabe nicht bewusst, so dass sie sich ständig wundern, warum sie immer wieder mit Themen im Außen konfrontiert werden, denen sie sich stellen müssen. Dann spüren sie in sich hinein und merken, dass sich dort einiges befindet, was noch im Argen liegt. Sie versuchen auch diese Intuition zu unterdrücken, da sie Angst vor der Wahrheit haben. Doch Angst ist eine nicht bewusst gelebte Energieform, die stets auf sich aufmerksam macht, und damit wir in uns Klarheit finden können, wird die Angst sich auch immer wieder bemerkbar machen, dessen können wir uns sicher sein.

Woran Sie selbst feststellen können, ob Sie solche Aspekte noch in sich tragen? Fühlen Sie in sich hinein: Gibt es Bereiche in Ihnen, die sich für Sie unsicher anfühlen? Bekommen Sie in bestimmten Situationen ein Gefühl des Unwohlseins, damit Sie genauer hinschauen? Die meisten Menschen haben Angst vor Dunkelheit oder anderen Aspekten. Würden Sie genauer hinschauen, dann könnten sie erkennen, dass die Angst nichts weiter ist, als die innere Aufforderung, genauer hinter die Kulissen der eigenen Energieeinsätze zu blicken. Wir müssen aufräumen, das ist das, was die Angst uns zu sagen hat. Wenn wir das erkennen, dann werden wir mit unserem Leben ganz anders verfahren können.

Wir alle bereuen zutiefst in unserem Inneren, was wir so alles getan haben. Vor allen Dingen dann, wenn wir nicht unbedingt stolz auf unsere Taten sein können. Nur dass wir diesen Aspekt in uns zumeist verdrängen wollen. Erst wenn wir bereit sind, uns unserem Urnaturell zu stellen, die kosmischen Gesetze anzuerkennen und in Frieden, Eigenverantwortung und Ehrlichkeit zu leben, erst dann werden wir uns von karmischen Verhaltensmustern auch wieder lösen können. Sollten wir nicht die Bereitschaft zur Ehrlichkeit in uns tragen oder diese nicht zu Wort kommen lassen, dann kann es sehr wohl sein, dass wir in Unehrlichkeit zu ersticken drohen. Und das ist der beste Nährboden, den wir aufbauen können, um neues Karma zu bilden, welches uns dann im nächsten Leben wieder einholen wird. Und damit uns diese Muster auch klarer werden, beschäftigen wir uns nun mit der Neubildung von Karma.

Ein unaufgeräumtes Leben - neues Karma bilden

Wir haben eben deutlich genug erkannt, dass wir sehr wohl in einem Leben Karma abbauen können. Doch auch die andere Seite, der Aufbau von neuen karmischen, offenen Rechnungen ist eine beliebte Komponente, die viele Menschen nutzen, um stets erneut inkarnieren zu müssen, nur dass ihnen das zu Lebzeiten zumeist nicht bewusst ist. Nehmen wir dazu ein Beispiel und wählen das Leben eines Diebes aus, der sich in einem vergangenen Leben grundsätzlich die Güter anderer zu Gemüte führte:

Gehen wir noch einmal davon aus, dass unser inneres Licht/der göttliche Funke in uns will, dass wir unser Leben in voller Verantwortung gestalten. Je weniger wir uns jedoch bewusst für unser Leben und somit auch für unsere Taten verantwortlich fühlen, desto weniger werden wir auch Klarheit finden können. Und so kann es sein, dass wir in einem Leben, in dem wir uns blind den Themen anderer zur Verfügung stellten und die Verantwortung für unser eigenes Leben nicht selbst tragen wollten, anderen Menschen Schaden zufügten, indem wir diese beispielsweise beraubten. Wir lebten dann in dem Glauben, dass uns das Hab und Gut der anderen zustand, da wir weniger hatten, als diese Menschen, die wir als potenzielle Opfer ausgewählt hatten. Wir hatten uns selbst die Erlaubnis zu dieser Handlung gegeben. Vielleicht hatten wir uns auch noch Unterstützung geholt, indem wir auf andere Menschen getroffen sind, die ähnlich dachten und mit denen wir uns dann zusammengeschlossen hatten. Gemeinsam sind wir stark - wird unser Motto gewesen sein, was uns mehr und mehr zu den Taten veranlasst hat. Und danach das schlechte Gewissen, welches wir, so gut es geht, versuchten zu beruhigen, da wir uns mit solch innerem Firlefanz nicht belasten wollten. Je mehr wir uns solche Taten erlaubten, desto freier fühlten wir uns in unserem Leben. Dass wir jedoch für all das, was wir taten, auch eines Tages haften müssten, das war uns zu Lebzeiten nicht klar gewesen. Erst im Laufe der Zeit merkten wir, dass unsere Energien sich immer mehr verdunkelten. Wir fühlten uns nicht mehr wohl in unserer Haut, bis wir dann eines Tages starben. Dann standen wir vor unserem Lichtwesen und sahen, was wir alles getan hatten. Nun spürten wir Reue und auch unseren gelebten Leichtsinn nur allzu deutlich. Nun ist Aufräumen angesagt und wir wollen, dass wir das, was wir angerichtet haben, wieder gutmachen. Die Frage stellt sich dann nur - wie?

Wir suchen uns mindestens eins unserer Opfer aus und nehmen zu dieser Seele Kontakt auf. Immerhin spielt auch bei solchen Taten die Macht- und Ohnmachtstruktur eine wichtige Rolle. Das heißt, auch der von uns Erleichterte hatte durch unsere Tat eine Aufgabe, der er sich stellen musste. Somit haben beide nur einer inneren Verabredung Folge geleistet. Was jedoch, mit unseren irdischen Augen betrachtet, nicht einfach zu verstehen ist. Doch schauen wir uns das auch ein wenig genauer an:

Ein Opfer braucht einen Täter, damit es sich über das Opferdasein verstehen lernt. Solange wir also gegen uns leben und dieses innere Manko nicht aufräumen wollen, brauchen wir zumeist andere, die uns an unser eigenes Vergehen unserer Person gegenüber erinnern. Das ist die Aufgabe, um die es geht. Somit hat ein Täter, sowie auch das Opfer, nicht nur positive, sondern auch negative Aspekte in sich, die zu solch einer Tat führen. Beide haben sich verabredet und müssen dieser Vereinbarung nun auch folgen. Doch, wenn wir uns Tatvorgänge, Opferdasein und all die Schreckenstaten, die es so gibt, anschauen, dann fällt es uns zumeist schwer zu glauben, dass wir selbst bereit gewesen sein sollen, uns solchen Taten bewusst zur Verfügung zu stellen.

Doch denken Sie bitte mal ehrlich darüber nach: Haben Sie es nicht auch schon mal erlebt, dass Sie gespürt haben, dass etwas auf Sie zukommt, was für Sie unangenehm werden könnte? Bestimmt, wir alle haben einen siebten Sinn, der Warnhinweise aussendet. Bevor wir einer solchen Verabredung Folge leisten, bekommen wir genug Hinweise, die uns eindeutig unsere Lernaufgabe und auch das, was dann kommen könnte, anzeigen werden. Hören wir darauf, dann werden wir uns viele unangenehme Situationen ersparen können. Sie sehen selbst, sollten Sie eine Opferthematik erleben, dann haben Sie dem zugestimmt und auf die früheren Warnhinweise nicht hören wollen.

Und was ist mit dem Täter? Er hat Täter- sowie auch Opferanteile in sich, die es nun zu wandeln gilt. Es ist nicht seine Aufgabe, sich erneut einer Täterschaft zu stellen. Vielmehr muss er darauf Acht geben, dass sein innerer Täter nicht zu Wort kommt. Dieser Energieanteil, welcher zumeist schon in früheren Leben eine Täterschaft übernommen hat, muss nun endlich gewandelt werden. Wenn wir uns jetzt vorstellen, dass ein Täter sein Täterteil nicht gewandelt bekommt, dann existiert dies in ihm weiter, solange, bis es irgendwann wieder ausbrechen kann. Im Grunde genommen können wir dies als eine tickende Zeitbombe betrachten, die wahrscheinlich eines Tages ausbrechen wird. Doch seien Sie sich sicher, in der Person gibt es auch Opferteile, die durch die dominierende Täterschaft kaum zu Wort kommen werden. Deshalb ist auch jeder Täter gleich ein Opfer seiner selbst.

Ja, und auch das Opfer trägt ein Täterteil in sich. Wenn wir eine Täter- und auch Opferthematik im Inneren leben, dann haben wir auch ein Täter- und ein Opferteil in uns, welche beide zu Wort kommen wollen. Dann kann es sein, dass sich das Täterteil im Opfermenschen mit dem Täterteil der Täterperson verbindet und der Plan wird in die Tat umgesetzt. Doch all diese Verstrickungen bringen keinem etwas. Nach inneren Verhaltensmustern zu leben, nur weil diese da sind, kann keinem auf Dauer Frieden bringen. Immerhin müssen wir alle lernen aufzuräumen. Wenn wir uns das aus einer solchen Perspektive heraus betrachten, dann können wir davon ausgehen, dass wir alle Täter- und auch Opferteile in uns tragen. Und gerade diese Polaritäten sind der Hauptgrund dafür, dass wir uns karmisch immer wieder verstricken. Sollten wir lernen in uns aufzuräumen, dann haben wir eine ganz andere Basis, um uns mit unserem Leben auseinander zu setzen.

Doch je mehr wir kämpfen, je häufiger wir versuchen, unserer innerlich gelebten Disharmonie zu frönen, desto weniger werden wir erkennen können, dass wir nur inneren Frieden finden, wenn wir diese Punkte beiseite schaffen. Wir müssen lernen aufzuräumen, anders geht es nicht. Die Täter- und Opferanteile befinden sich in der Person und müssen nun von ihr bewusst platziert und integriert werden. Ist das passiert, dann wird es weder ein abgespaltenes Täter- noch Opferprinzip in der Person geben. Dann hat diese Person sich in Teilen mehr verbunden und kann dem Täter- und auch Opferanteil neue Aufgaben geben.

Sollten wir jedoch auf unsere disharmonischen, in Polarität lebenden Teile hören wollen und uns diesen Belangen zur Verfügung stellen, dann werden wir versuchen, andere Menschen als Streitträger im Außen mit einzubinden. Dann erfahren wir unseren inneren Streit immer stärker und richten den Blick auf den anderen, der uns in unserem vermeintlichen Frieden zu stören vermag. Wenn wir es dann nicht mehr aushalten und der andere in uns immer wichtiger wird, dann kann es sein, dass wir versuchen werden, den angeblichen Störenfried im Außen zu vernichten, damit wir innerlich Frieden finden können. Doch so werden wir niemals unseren Frieden finden, dessen können wir sicher sein. Wird uns das bewusst, dann können wir aufräumen. Doch wer spricht darüber? Wer hat uns gesagt, dass wir nur in unserem Inneren Frieden finden können? Keiner!

Und so passiert es häufig, dass emotional verletzte Menschen - sie tragen die Verletzung alleine in sich - andere Menschen verletzen wollen, damit sie einen Teil ihrer Last abgeben können. Wenn die anderen mitleiden, dann übernehmen sie einen Teil der belasteten Energie und leben diese für den anderen mit. Der eine lebt sich selbst zu wenig und ist darauf bedacht, sein Glück über andere zu leben, sucht sich Menschen, die im inneren Streit leben, versucht diese mit ihrer Harmonie zu ertränken, um sich dann wieder schuldig fühlen zu können. Verstanden? Nein? Menschen, die als Opfer im Leben stehen wollen, brauchen andere, zumeist Täter, die sie missbrauchen, damit ihr Lebenskonzept komplett erscheint. Natürlich werden sie sich im Schmerz immer wieder fragen, warum ihnen das passiert, doch letztlich wissen sie es selbst am besten, warum das so ist. Sollten sie die Rolle bewusst leben und auch ein Leben lang beibehalten wollen, dann haben sie ihre Lernaufgabe - das Loslassen der Opferhaltung - nicht gelernt und müssen somit neu inkarnieren, damit sie sich einer neuen Aufgabe stellen können.

Die andere Person/der Täter wird sich genauso unwohl fühlen, immerhin ist er auf der einen Seite Täter - also die tatkräftige Person - und auf der anderen Seite wird auch er sich als Opfer fühlen, der inneren Täterschaft vollkommen ausgeliefert sein. Sollten die Personen es dann nicht verstanden haben, dass sie aufräumen müssen, dann werden sie im nächsten Leben höchstwahrscheinlich wieder aufeinander treffen, nur um ihrem Karma gerecht zu werden. Immerhin haben sie dann in diesem Leben neues Karma gebildet - der andere wurde in die eigenen Disharmonien mit eingebunden und hat von daher Schaden erlitten - und diesen gilt es wieder zu bereinigen.

Karma ist somit nichts anderes als offene Rechnungen, die es noch zu begleichen gilt. Solange wir unsere Disharmonien mit uns selbst austragen, solange werden wir uns karmisch nicht verstricken. Binden wir jedoch andere mit ein und verletzen diese, ohne dass wir diese Verletzung im jetzigen Leben wieder ausgleichen können, dann bilden wir neues Karma, welches wir im nächsten Leben wieder gutzumachen haben. Beschäftigen wir uns mit diesem, so wichtigen Thema genauer:

Wir treffen auf eine Person, mit der wir eine unangenehme Sache zu erledigen haben. Um welche Angelegenheit es sich hierbei handelt, ist unwichtig. Hauptsache beide sind davon betroffen und bilden eine entsprechende Resonanz. Wir sollten nur wissen, wenn zwei sich streiten, dann entspricht die Konstellation beiden Personen/beiden Seelen, beide wollen unbewusst daraus lernen. Die Energien verhärten sich und es entsteht ein Kampf, der nicht so einfach zu lösen erscheint. Die Angelegenheit beschäftigt beide über mehrere Monate. Viel Energie wird für diese Sache genutzt. Dann kommt die äußere Lösung, was aber auch beinhaltet, dass ein innerer Lösungsansatz geschaffen wurde. Die beiden trennen sich - die Energien werden leichter. Nun ist Aufräumen angesagt. Sollte eine der beiden Personen anfangen, ein Verständnis für sich, die Situation und auch den anderen zu entwickeln, dann wird sie die damit verbundenen Energien wieder lösen. Doch, wie so oft, verstehen viele nicht die hinter dem gelebten Aspekt stehende Lernaufgabe und fühlen sich weiterhin durch die Situation betroffen. Sie können nicht frei und locker durchatmen, sondern fühlen sich ungerecht behandelt. Solange dieses Gefühl so anhält, solange hat die Person aus der Situation nicht gelernt und das ist fatal. Erst wenn eine Lernbereitschaft vorhanden ist, kann eine Wandlung eintreten. Ansonsten besteht sehr wohl die Möglichkeit, diese Angelegenheit im nächsten Leben zu regeln und dafür müssen sich dann beide Streithähne wieder in einer ähnlichen Konstellation treffen. Somit hätten wir dann wieder neu gebildetes Karma, eine offene Rechnung vor uns liegen.

Ach ja, sollten Sie Ihre Themen aufräumen wollen, dann haben Sie keine Angst, dass Sie mit Ihrer Tat Ihrem einstigen Feind zu stark helfen würden. Natürlich ist es so, wenn einer das Spielfeld verlässt, dass auch der andere dies zu spüren bekommt. Doch muss es sich bei weitem nicht so anfühlen, als wäre auch für den anderen alles klar. Sie können sicher sein, Ihr Gegenspieler muss schon für sich selbst aufräumen und verstehen lernen, warum ihm das in seinem Leben begegnet, sonst wird er sich im nächsten Leben ähnliche Konstellationen als Möglichkeit der Wandlung und Veränderung aussuchen. Doch Sie können sicher sein, haben Sie aufgeräumt, müssen Sie ihm auf dieser Schiene nicht mehr begegnen. Einfachste Regel: Überlassen Sie dem anderen das, was er leben muss, er kann es eh nur alleine wissen und kein anderer.

Woran Sie feststellen können, ob Sie in diesem Leben noch offene Rechnungen haben, die neues Karma bilden könnten? Machen Sie dafür folgende Übung:

- Suchen Sie sich ein ruhiges Plätzchen aus, an dem Sie ungestört mental arbeiten können.
- Entspannen Sie sich. Nehmen Sie sich nun als erstes eine

Person vor, die Ihnen entspricht. Am besten eine Person, die Ihnen nicht so nahe steht.
- Fühlen Sie in diese Person hinein. Was empfinden Sie? Gibt es noch etwas auszugleichen?
- Wenn ja, dann stellen Sie sich vor, dass Sie dieser Person auch etwas zurückgeben werden, vielleicht eine Rose, als eine Art Anerkennung. Das, was Sie denken, was passen könnte, das wählen Sie bitte aus und reichen es imaginär rüber. Oftmals hat eine Person viel für uns getan, ohne dass wir dies bewusst wahrgenommen haben, dann ist es gut, etwas zurückzugeben. Sie werden sehen, danach fühlen Sie sich leichter.
- Schauen Sie - gibt es noch etwas zu tun, das ausgeglichen werden muss? Wenn ja, dann tun Sie es gedanklich.
- Danach stellen Sie sich vor, dass Sie sich beide unter eine kosmische Lichtdusche stellen. Der Kosmos öffnet sich und Sie und die andere Person werden durch das strahlende Licht gereinigt. Machen Sie das solange, bis Sie das Gefühl haben, gereinigt zu sein.
- Dann verabschieden Sie sich von der anderen Person, wünschen ihr auf ihrem Weg alles Gute. Achten Sie darauf, dass die andere Person sich umdreht und auch geht.

Nach drei Tagen holen Sie sich diese Person gedanklich noch einmal nach vorne, um zu kontrollieren, ob auch wirklich alles gelöst wurde. Wenn Sie jedoch das Gefühl haben, dass es sich hierbei noch um eine nicht ausgeglichene, emotional belastende Verbindung handelt, dann machen Sie erneut die oben genannte Übung. Irgendwann wird sich das Thema zwischen Ihnen aufgelöst haben. Somit bauen Sie Karma ab und Sie werden sich in diesem Leben viel geordneter fühlen. Sie können sich immer wieder eine Person dazuholen, mit der Sie meinen, mental üben zu müssen. Räumen Sie auf. Und denken Sie daran, beschäftigen Sie sich immer nur mit einer Person und nicht mit mehreren gleichzeitig. Sie können sich jede Woche eine andere vornehmen, so wie es Ihnen beliebt. Je aufgeräumter Sie sind, desto besser werden Sie sich fühlen.

All diese Übungen sind natürlich imaginär gedacht. Doch seien Sie sicher, wenn Sie sich mit einer Person verbinden, dann passiert dies über die emotionale Schiene und somit können Sie diese Ebene nur wieder lösen, wenn Sie auch innerlich dazu bereit sind. Dann lösen Sie von Ihrer Seite die emotionale Verbindung wieder auf und Sie werden sehen, es wird Ihnen gleich viel besser gehen. Viel Erfolg.

Jetzt haben Sie mit Sicherheit verstanden, dass wir sehr einfach und auch schnell unbewusst neues Karma aufbauen können. Doch was nützt uns das? Je mehr wir verstrickt sind, desto schwieriger wird auch unsere nächste Inkarnation für uns sein und das muss meines Erachtens nicht sein.
Werfen Sie einmal kurz einen Blick auf Afrika. Was für Menschen inkarnieren dort? Menschen, die lernen müssen, mit dem, was sie haben, zufrieden zu sein. Sie werden an ihre Urkräfte erinnert, die sie am Leben erhalten. Und nun schauen Sie sich Ihre Mitmenschen an. Sind diese zufrieden? Wann wären sie es? Was müsste bei dem Einzelnen passieren, damit er überhaupt sagen könnte, sein Leben wäre erfüllt? Wenn er es in diesem Leben, im nächsten und vielleicht sogar im übernächsten nicht lernt, wäre dann eine Inkarnation in Afrika nicht sinnvoll? Ein Gedanke, der sich mit Sicherheit lohnt.

Sie sehen selbst, wir sind absolut in der Lage, unser Karma zu bestimmen. Wir müssen nur eins tun, auf uns hören und genau hinschauen, um was es geht. Je klarer wir aufräumen, desto besser werden wir uns fühlen und nur darauf kommt es an. Wenn

Sie wollen, dann bauen Sie eher Karma bewusst ab als auf und Sie werden bestimmt ein zufriedenes Ende finden.

Der bewusste Abbau von Karma in diesem Leben

Wir haben uns nun viel mit Karma beschäftigt und auch erkannt, dass wir uns von Karma, welches wir wieder aufgebaut haben, einfach lösen können, damit wir es nicht behalten und weiterhin mitschleppen müssen. Doch was ist mit Karma, welches wir noch aus früheren Inkarnationen in uns tragen und welches wir auch abbauen können, ohne dass dies für dieses Leben bewusst geplant gewesen wäre.

Wir alle haben, wie schon erwähnt, karmische Aufgaben, denen wir uns stellen müssen. Somit kommen wir nicht drum herum, das zu lernen, was wir lernen wollen. Stellen wir uns dagegen, werden wir die Themen materialisiert auf den Tisch bekommen, damit sie nicht mehr zu übersehen sind. Dann müssen wir hinschauen und erkennen, dass es ein Thema gibt, dem wir uns widmen müssen. Je klarer wir damit umgehen, desto einfacher und auch besser für uns. Doch nicht nur die vorne liegenden Themen halten wir in uns bereit, nein, es gibt noch ganz andere Themenbereiche, die von uns verstanden werden wollen. Doch diese Bereiche liegen weiter weg von uns, die kommen erst, symbolisch betrachtet, später auf uns zu.

Doch wir müssen all das, was in uns ist, auch bearbeiten und somit kommen wir nicht daran vorbei, uns eines Tages auch diesen Bereichen zu stellen. Sollten wir nun bewusst Karma abbauen wollen, dann können wir viel früher und auch einfacher damit anfangen. Das geht jedoch nur, wenn wir auch wirklich bereit sind, auf unser Leben zu schauen. Dann werden wir sehr deutlich unsere Hauptaufgabe zu spüren bekommen und werden diese bewusst angehen. Mehr und mehr werden sich dann Themen in uns bemerkbar machen, die wir zwar für dieses

Leben nicht unbedingt angedacht hatten, die sich aber jetzt spürbar bemerkbar machen. Auch diese können wir bearbeiten, wir müssen es nur wollen.

Wenn wir ehrlich sind, dann sind wir dazu geboren, um aufzuräumen und dann brauchen wir uns auch nicht zu wundern, wenn wir die Themen, die noch bearbeitet werden wollen, auf den Tisch gelegt bekommen. Doch die meisten denken immer noch, irgendwann muss es vorbei sein, dann habe ich genug gelernt, und gerade das geht nicht. Wir werden ein Leben lang lernen und auch aufräumen müssen, das sollten wir wissen. Und da wir alle tief im Inneren lernen wollen, werden wir auch immer wieder mit Themen konfrontiert werden. Räumen wir uns jedoch einen Platz in unserem Inneren ein, auf dem „Aufarbeitungsbereich" steht, dann können wir unser Leben in seiner Vielfalt viel mehr genießen. Dann erlauben wir uns, das zu leben, was in uns steckt und das ist bei weitem mehr, als zumeist gedacht war. Halten Sie sich das vor Augen, dann werden Sie viele Erfahrungen machen, die Ihr Leben bereichern werden.

Wollen Sie Ihre Prozesse in diesem Leben noch verstärken, dann bitten Sie Ihre Schutzengel und auch gerade das Licht/Gott darum, Ihnen all das zu zeigen, was für Sie wichtig ist. Gehen Sie dann mit wachen Augen durch Ihr Leben und Sie werden sehen, was alles in Ihnen steckt. Doch nicht nur unsere Aufgaben bekommen wir vor Augen geführt, nein, auch früher erlernte Fähigkeiten werden sich uns sichtbar in den Weg stellen. Und auch das schauen wir uns jetzt einmal genauer an.

Talente - erlernte Fähigkeiten aus früheren Leben

Je geöffneter wir sind, desto mehr Informationen werden wir auch bekommen können. Wir erfahren somit nicht nur das, was wir einst verbockt haben, nein, auch alte Fähigkeiten und Talente werden sich wieder bei uns bemerkbar machen.

Stellen Sie sich vor, Sie waren in einem früheren Leben Arzt, dann tragen Sie auch noch alle damit verbundenen Wissensaspekte in sich. Sie wissen um die Dinge, die Sie erlernt haben. Sie haben sie registriert. Oftmals spüren wir im Leben, dass wir zu bestimmten Themenbereichen eine besondere Affinität besitzen. Wir fühlen uns von diesen Bereichen magisch angezogen. Wie ein Magnet spüren wir die Energieresonanz in uns, nur dass uns dies zumeist nicht direkt bewusst ist. Und so erinnern wir uns dann leicht an alt erlernte Talente.

Die meisten Menschen können jedoch nur ein gewisses Maß an Wissen in ihrem Leben speichern. Doch wenn wir uns umschauen, dann können wir gut erkennen, dass wir alle viele verschiedene Talente in uns haben, so dass es manchmal fraglich erscheint, wann wir das alles erlernt haben wollen. Nicht alles haben wir in diesem Leben von der Pike auf erlernt. Nein, viele Informationen, die wir in uns tragen, haben wir auch schon in früheren Leben gehabt. Und heute, heute spüren wir die alten Energien und fühlen uns wohl damit. Wir wissen über Dinge, die uns oftmals in Erstaunen versetzen.

Diese alt erlernten Informationen können wir jedoch nur ins Bewusstsein zurückholen, wenn wir an uns selbst glauben. Jeder noch so negativ geankerte Glaubenssatz, der uns als unwissend abstempelt, wird uns daran hindern, Wissen wieder nach vorne ins Bewusstsein zu holen. Sollten wir beispielsweise in der Kindheit erfahren haben, dass wir dumm sind, dann werden wir dies auch solange glauben, bis wir uns selbst vom Gegenteil überzeugt haben. Wir sind dann von uns überzeugt und können an all die alten Ressourcen in uns herangehen.

Und was ist mit unseren Wunderkindern, wie beispielsweise Mozart? Gerade Kinder erinnern sich sehr gut an frühere Talente. Mozart muss schon in früheren Inkarnationen Musik gemacht haben. Eine schnelle Reinkarnation wird ihm sehr viel Wissen offen gelassen haben. Der Vater, der selbst Musiker war, hat ihm die Natürlichkeit dieses Talents vor Augen gehalten und ihn früh gefördert. Von daher konnte er ohne Umschweife alt vertraute Aspekte mit neuen und auch spielerischen Kreationen ohne kopflastige Blockaden ausleben. Das Resultat ist eine wunderschön klingende Musik, die die Kinder in den Zuhörern erweckt. Doch auch Mozart hatte eine Aufgabe: Sich bewusst seinen Talenten und auch dem Leben zu stellen, seine Ernte für seine Leistung einzuholen und damit zufrieden zu leben. Doch hatte er in seinem Leben mal wieder seine Talente unter den Scheffel gestellt. Emotional spürte er sehr stark seine alt erlernten Fähigkeiten aus früheren Leben und konnte diese kinderleicht wieder einsetzen. Von daher fiel es ihm jedoch auch besonders schwer, sich in das geordnete Leben einzusortieren. Und da er auf der einen Seite die Flippigkeit liebte und auf der anderen Seite ein geordnetes Leben führen sollte und auch wollte, war er sich nicht klar, was er leben sollte. Zum Schluss wurden seine Energien auch noch missbraucht. Und da er die Werke in Zusammenarbeit mit kosmischer Lichtenergie schrieb und sich vor negativen Wesen zu wenig schützte, schrieb er zum Schluss sein eigenes Requiem, ohne dass ihm das bewusst gewesen wäre.

Dieses Phänomen können wir übrigens öfter betrachten. Menschen, die sehr viel mit kosmischer Lichtenergie arbeiten, spüren zu wenig ihren Körper, der sich dann durch Unachtsamkeit schnell auflösen und somit verenden kann. Doch wer weiß, ich glaube, dass ein Mensch wie Mozart auch früh unter solchen Umständen sterben sollte, damit eine andere Perspektive für die Nachwelt offen bleibt. Immerhin sollen unsere Wunderkinder uns ja auch daran erinnern, was wir für Aufgaben haben und auch, zu was wir im Stande sein können.

Ach ja, welche Talente haben Sie eigentlich? Machen Sie sich bitte darüber Gedanken und räumen Sie diesen Bereichen auch Platz in Ihrem Leben ein, sonst werden Sie wenig Zufriedenheit in Ihrem Leben erfahren können. Denken Sie daran, je bewusster und auch offener Sie den Aufgaben des Lebens begegnen, desto offener werden Sie auch an Ihre alten Erfahrungswerte herangeführt werden, und das ist immer interessant.

Wenn wir uns nun vorstellen, was Menschen im Laufe des Lebens für Erfahrungen sammeln, dann stellt sich die Frage, wohin mit all dem Wissen - und das schauen wir uns jetzt genauer an.

Das Zentralgehirn - der energetische Großcomputer

Alle Informationen, die wir sammeln, werden abgespeichert. Ich beschreibe diese Speichermöglichkeit gerne als großen „Zentralcomputer“, der alles Wissenswerte aufgenommen hat und auch immer noch aufnimmt. Stellen Sie sich vor, auch Sie können Wissen abfragen, wenn Sie etwas wissen wollen. Denn ehrlich gesagt, wenn wir was wissen wollen, dann werden wir auch automatisch all das erfahren, was wir brauchen. Wir stoßen dann auf die Aspekte, die für uns wichtig sind und können uns damit beschäftigen.

Wenn Sie was wissen wollen, dann probieren Sie es doch einfach aus: Gehen Sie in einer meditativen Haltung oder einfach nur in der Tiefschlafphase auf die Astralebene und fragen Sie das ab, was Sie brauchen. Im Regelfall werden Sie die Informationen erhalten, die Sie haben wollen und die Sie auch bekommen sollen. Denn letzteres ist nicht immer klar. Es kann sehr wohl sein, dass uns Wissen aus bestimmten Gründen verweigert wird. Sollte das der Fall sein, dann müssen wir auch das akzeptieren. Doch in den meisten Fällen bekommen Sie alles das, was Sie brauchen. Probieren Sie es aus.

Warum das so ist? Die Geschichte und alles andere soll erhalten bleiben. Und da es einige Menschen gibt, die kosmische Lebensaufgaben übernommen haben, müssen diese auch an die passenden Informationen heran geführt werden. Auch manch ein Schriftsteller bedient sich dieser Wissensmöglichkeit, um seine Werke niederzuschreiben. Und damit wir alle weiterkommen und auch aus vielen anderen Gründen, sind alle Informationen gesammelt worden und für jedermann abrufbar. Somit ist all das, was der Mensch gedanklich und auch materiell erschaffen hat, abgespeichert und für jedermann zugänglich. Und gerade Seelen, die sich die Aufgabe gestellt haben, andere Menschen in ihr eigenes Licht zu führen, indem sie Werke vollbringen, die außergewöhnlich sind, sind dazu geschaffen worden, andere durch ihr Wissen in Erstaunen zu versetzen. Und damit beschäftigen wir uns nun genauer.

Die spirituelle, kosmische Aufgabe

Es gibt Seelen/Menschen, die haben besondere Aufgaben für ihr Leben übernommen. Oftmals dienen sie für andere als Lernmöglichkeit. Gerade Menschen, die sehr in der Öffentlichkeit stehen, sind Sinnbilder für all die, die sich eher unter der breiten Masse bewegen. Doch die Personen, die eher einem schlichten Leben frönen, können ihr Leben viel einfacher gestalten, da sie sich hauptsächlich nur um ihre eigenen Belange kümmern müssen. Hingegen sind die Menschen, die im Rampenlicht stehen, sehr eingeschränkt, da man permanent ein Auge auf sie wirft. Und Menschen, die bekannt sind, haben die Aufgabe übernommen, für andere als sichtbares Sinnbild zu funktionieren. Schauen wir uns dazu ein Beispiel an:

Nehmen wir dafür eine bekannte Persönlichkeit, die oftmals im Leben beobachtete wurde. Ich habe schon in dem Buch: „Der Blick ins innere Licht" darüber geschrieben. Prinzessin Diana, die Ex-Frau von Prinz Charles, war eine solche Person. Zu Lebzeiten war gerade sie die besondere und doch so nah lebende „Frau von nebenan", die gerne beobachtet wurde. Sie war auf der einen Seite eine Persönlichkeit, die man niemals zu erreichen vermochte, und auf der anderen Seite vielen emotional sehr nahe. Warum war sie so interessant? Weil sie von der „Bürgerlichen" zur Prinzessin emporstieg. Und da wir uns zum damaligen Zeitpunkt noch teilweise in der Fischezeit befanden und gerade Märchen, Prinzessinnen und unsere Träume dazugehörten, verfolgten wir ihr Leben besonders gerne. Gerade diese Frau, die fast unter einfachen Verhältnissen geboren wurde, heiratete einen Prinzen und sollte eines Tages Königin von England werden. Und was versprachen uns die Märchen schon lange - Glück und Harmonie, ein erfülltes und langes Leben. Doch was sahen wir, nachdem wir dachten, dass sich unsere versprochenen Träume doch noch erfüllen würden? Eine Prinzessin, sehr leidgeplagt, die nicht wusste, warum sie so litt. Und genau das kennen wir doch alle. Wer von uns hat nicht auch schon mal so gelitten. Sie war somit eine Person zum Anfassen, so weit weg und doch so nah. So viele Menschen fühlten sich durch sie angesprochen. Und dann der Weg aus der inneren Misere heraus, das Loslassen der inneren Umklammerung und somit die fast tabuisierte Scheidung von Prinz Charles, ihrem Ehemann. Dann erneute Spekulationen über ihr weiteres Leben. Und siehe da, ein neues Glück. Andere Lebensprinzipien, neue Perspektiven, alles gepaart mit jeder Menge Fröhlichkeit. Diese Frau konnte wieder lachen, sie konnte glücklich sein und das war für alle sichtbar. Sie zeigte durch ihre eigenen Taten den Weg aus ihrem „Elend“ heraus.

Das war das, was sie allen zeigte: Man kann handeln, man kann sich verändern und man kann einen neuen, absolut neuen Weg einschlagen. Seht her, ich kann das auch und was ich kann, das könnt ihr schon lange. Und gerade die Menschen in dieser Zeit fühlten sich zumeist durch ihre Lebenssituation eingebunden und unfrei. Sie waren größtenteils traurig über ihr Los und sahen oftmals keinen Ausweg mehr. Doch diese Frau machte es ihnen vor, sie trennte sich vom Althergebrachten, ging durch die damit verbundenen Tiefen, verschaffte sich eine neue Lebensperspektive und fing wieder an zu leben. Ein neuer Weg, eine neue Welt, sie war frei. Und dann, dann kam das traurige Ende - der Unfall. Was war es denn Unfall, Mord? Hat jemand Hand angelegt? So viele Fragen und kaum Antworten. Doch eigentlich ist es auch egal. Mit Sicherheit können wir uns jedoch auch leicht vorstellen, dass es bestimmt den einen oder auch anderen gegeben haben muss, der sich an ihrem Tod erfreute. Und wie Sie bis hierhin, wenn sie das Buch gelesen haben, erfahren haben, können schon Gedanken Energien aussenden, die dann auch empfangen werden. Tatsache ist jedoch, dass das Ableben von Prinzessin Diana einen tieferen Sinn gehabt haben muss. Meines Erachtens war der Tod die Verabredung für dieses Leben. Wenn wir uns nur einmal vor Augen führen, dass diese Frau es fertiggebracht hat, Millionen von Menschen zum Weinen zu bringen, dann hat sie ein wahnsinniges Werk vollbracht. So viele Menschen nahmen Anteil an ihrem Tod. Doch weinten sie alle um Diana? Nein, sie weinten um sich selbst. Sie weinten um vergangene Zeiten, um den Verlust des Lebens, was sie selbst bis dahin noch nicht gelebt hatten.

Diana Spencer hat die Fischezeit verabschiedet und Menschen an ihre eigene Trauer gebracht. Was kann man mehr erwarten. Sie wird uns allen in Erinnerung bleiben. Und ich bin mir sicher, wir werden noch lange von ihr hören. Es gibt immer eine Seele, die eine neue Zeitepoche einläutet und eine, die sie ausklingen lässt. Die Fischezeit - Dauer ca. 2000 Jahre wurde meines Erachtens von Jesus eingeläutet und von Diana Spencer verabschiedet. Kennen Sie schon die Person, die das Wassermannzeitalter - wir befinden uns seit Januar 1996 richtig darin - einläutet. Ich weiß es noch nicht - Sie? Achten Sie mal darauf.

Sie können aber anhand dieser Thematik sehr gut erkennen, dass es Seelen gibt, die bestimmte Aufgaben übernehmen und nach diesen Ritualen auch leben. Je klarer uns das ist, desto besser können wir damit umgehen. Wir müssen nur lernen, auf unsere innere Stimme zu hören und dem Licht zu folgen. Und seien Sie sicher, wir alle sind wichtig und können einiges zum Weltfrieden innen wie außen beitragen. Doch leider gibt es auch Seelen, die meinen, sich opfern zu müssen, um etwas zu bewirken. Hierbei handelt es sich um Menschen, die denken, dass sie ihre Ziele, die sie nun verfolgen, auch durchführen müssen, und dies nur, um eine andere Seele/einen anderen Menschen zu retten, der sie darum wahrscheinlich noch nicht einmal gebeten hat. Und damit beschäftigen wir uns nun eingehender.

Die unlogische Opferung und angebliche Rettung einer anderen Seele

Es gibt viele Seelen, die meinen, sich opfern zu müssen. Sie fühlen sich in ihrem Leben unwohl eingebunden, haben das Gefühl, mehr für andere da sein zu müssen, als für sich selbst. Oftmals stehen sie sich selbst und gerade ihrer Selbstverwirklichung im Weg, da sie denken, dass ihnen dieses nicht zustehen würde. Sie selbst sind gegen sich eingestellt, haben sich negativ programmiert und dies meist schon seit Inkarnationen und das ist ihr wirkliches Problem. Schauen wir uns das anhand eines Beispiels an und nehmen eine Person, die absolut übertrieben, pingelig genau mit sich umgeht.

Dieser Person ist nun in einem früheren Leben ein Fehler unterlaufen. Vielleicht hat sie magisch ein wenig gearbeitet und nicht genau darauf geachtet, wo die von ihr ausgesandten Energien hingehen sollten. Nehmen wir an, dass einer dadurch zu Schaden gekommen ist, dann hat sie einen anderen in ihr System eingebunden, der dies jedoch bestätigt haben muss, und steht nun in der Schuld des anderen. Das heißt, sie muss das, was sie gemacht hat, auch wieder gutmachen. Dazu ist sie absolut bereit und inkarniert in die Nähe dieser Person, um ihr in diesem Leben einiges Gutes zu tun. Sie gleicht das Karma aus, indem sie sich intensiv der anderen Person zur Verfügung stellt, so ist die Absprache. Sie könnte damit zufrieden sein, immerhin hat sie es geschafft, innerhalb einer Inkarnation ihr Thema zu bereinigen. Doch tief im Inneren ist sie sauer auf sich selbst. Sie kann sich nicht verzeihen, dass ihr ein solcher Fehler unterlaufen ist. Rein kosmisch gesehen ist sie frei, doch innerlich fühlt sie sich an das alte Thema/die selbst auferlegte Strafe weiterhin gebunden. Trotz des Ausgleichs der Energien leidet sie weiter und nimmt sich vor, sich auch zukünftig für das frühere Missgeschick zu bestrafen.

Nun gut, gesagt getan. Sie inkarniert wieder mit dem inneren Befehl der Opferung in der Nähe von Menschen, denen sie zu Diensten sein kann. Mehr und mehr wächst in ihr das Opferbild und sie stellt sich anderen fast als Sklavin zur Verfügung. Und diese Personen nehmen ihr Angebot auch an, und leben über sie ihre Aggressionen, negativen Wutenergien aus. Natürlich leidet sie auch darunter, immerhin erlebt sie Pein, die ihr weh tut. Doch tief im Inneren bleibt sie eisern. Sie will leiden und meint, sie hätte es verdient. Dann geht sie sogar so weit und lässt sich durch die Hand eines anderen umbringen. Eine Person, mit der sie kaum etwas zu tun hat, begegnet ihr in einem Leben, beraubt sie ihrer Jungfräulichkeit und ermordet sie kurzerhand. Auf der Astralebene angekommen, erkennt sie sehr wohl, wie unmenschlich sie mit sich selbst umgegangen ist. Und trotzdem führt für sie kein Weg daran vorbei, sie will weiterhin leiden und da sie sich selbst diese Aufgabe stellt, mischt sich auch keine andere Wesenheit in ihre Entscheidungen ein. Auch die nächste Inkarnation verläuft blutig und mittlerweile hat sie viele Seelen um sich herum, mit denen sie sich verstrickt hat. Egal welche Gründe auch als Hintergrund vorliegen mögen, sie hat Schaden erfahren und muss nun die Energien wieder bereinigen. Sie wurde geächtet, gedemütigt und auch ermordet, weil sie es so wollte. Nun ist es an der Zeit, das Ruder wieder herumzureißen. Immerhin hat sie mitgespielt und muss sich nun davon wieder lösen. Und wie macht sie das?

Erst einmal muss sie bei Beendigung des Lebens im Kontakt mit dem Lichtwesen Verständnis für sich selbst bekommen. Erst wenn sie sich selbst verzeiht, dann hat sie eine reelle Chance auch aufräumen zu können. Dann will sie ihr Leben wieder ändern, sich den positiven Seiten und auch Aufgaben ihres Lebens zuwenden. Sie stellt sich innerlich nicht mehr der zwanghaften Opferthematik zur Verfügung. Sie will sich endlich frei anderen Bereichen des Lebens widmen. Doch nichtsdestotrotz ist sie energetisch verstrickt, so dass sie das klären muss. Das heißt, sie muss den Seelen, über die sie Schaden erfahren hat, wieder in einer Inkarnation begegnen. Und den Seelen, mit denen sie sich verstrickt hat, denen wird es genauso ergehen, auch sie werden sie wieder aufsuchen wollen. Sie verabreden sich, damit sie sich im nächsten Leben wieder treffen.

Da sie sich früher sehr stark Gewalttaten zur Verfügung stellte, sind die Seelen, denen sie erneut begegnen muss, auch wichtig, damit sie sich diesmal gegen die Gefahr stellt. Doch weiß sie auch, wie häufig es passiert, dass wir unsere Lernaufgaben vergessen und somit in dieselbe Falle tapsen, ohne dass wir dies bewusst tun wollten. Und so auch in unserem Fallbeispiel - sie trifft einen früheren Mörder wieder und muss nun lernen, diesem Menschen zu trotzen. Das heißt, ihre Aufgabe besteht darin, sich in diesem Leben durch diesen Menschen nicht schaden zu lassen. Doch auch der andere kennt sie und weiß, dass sie einiges durch ihn erlebt hat, also wird er sofort auf der Hut sein und sie in seinen Bann ziehen wollen. Woher das kommt, das schauen wir uns einmal kurz an, indem wir einen kleinen Abstecher machen.

Das höchste Gericht, das sind im Grunde genommen wir selbst. In dem Moment, wenn wir unserem Lichtwesen begegnen, durchleuchten wir unser Leben, treffen zumeist schon unsere Entscheidung für das nächste Leben und begeben uns dann auf die Astralebene. Wir selbst haben einen Anteil in uns, der dafür Sorge trägt, dass wir auch für die Taten, die wir getan haben, zur Verantwortung gezogen werden. Wollen wir das nicht bewusst tun, dann kann es sehr wohl sein, dass wir versuchen, uns etwas vorzumachen. Und das geht besonders dann, wenn die andere Seele/der andere Mensch, der durch unsere Hand zu Schaden gekommen ist, die Tat und die damit verbundenen Energien für sich behält. Dann stellen wir uns energetisch gegen uns und werden uns nicht so einfach all unseren Delikten zur Verfügung stellen. Im Klartext: Wenn ein Opfer den Täter decken will, indem es die Energien, die auf ihm lagern, die ihm jedoch nicht gehören, noch nicht abgeben möchte, dann kann es sehr wohl sein, dass der Täter für seine Tat auch noch nicht zur Verantwortung gezogen wird, da die Energien noch nicht abgegeben wurden. Somit sind diese Energien in den beiden Personen noch absolut spürbar und insbesondere dann, wenn sie beide wieder aufeinander treffen, dann spürt jeder, dass hier noch eine dicke unerledigte Rechnung offen ist.

Und gerade Seelen, wie oben beschrieben, die sich bewusst einer Opferung zur Verfügung gestellt haben und immer wieder stellen, neigen besonders dazu, all die damit verbundenen Energien und Verantwortlichkeiten auf sich selbst zu laden. Doch genau das ist der Fehler. Sie müssen dann wieder auf den Täter treffen, damit die Energien abgegeben werden. Doch Vorsicht - der Täter wird seine eigene Tat zumindest energetisch deutlich spüren und auch darauf reagieren. Immerhin wird er nicht sehen wollen, dass das, was nun in ihm aufkommt, von ihm selbst stammt, sondern wird diese Energieunruhe alleine mit seinem Gegenüber in Verbindung bringen. Im Grunde genommen hat der Täter Angst, dass sein innerer Gerechtigkeitsanteil davon Wind bekommt, denn dann muss er die Energien übernehmen und somit wird er sich mehr auf den anderen, als auf sich selbst konzentrieren. Doch das wird ihm kaum etwas bringen, denn eines Tages wird es eh offensichtlich sein.

Nun gut, unser Opfer begegnet wieder einmal einem Täter, den es aus einer früheren Inkarnation kennt, um auf der einen Seite die in ihr gespeicherten Energien, die nicht zu ihr gehören, wieder abzugeben, und auf der anderen Seite sich selbst zu schützen. Der Täter wird sich jedoch mehr und mehr durch die Anwesenheit des Opfers in Unruhe versetzt fühlen und wird versuchen, nach altgewohnter Manie dem Opfer die Schuld für seine Unruhe in die Schuhe zu schieben. Und nun sollte das Opfer reagieren, denn es ist kein Opfer mehr und braucht sich auch diesen Konstellationen nicht zur Verfügung zu stellen. Es kann erkennen, dass es das nicht mehr braucht. Das ist auch die Aufgabe, unter keinen Umständen mehr das annehmen, was der andere abgeben will.

Doch wie so oft verstrickt sich auch unsere Beispielsperson und fühlt sich mit der Situation total überfordert. Immerhin sind die Attacken zwischen den beiden immer größer geworden. Der eine versucht, den anderen in seinen Bann zu ziehen und der andere versucht sich natürlich dagegen zu wehren. Der Kraftaufwand, der notwendig ist, damit eine Klärung herbeigeführt werden kann, ist sehr groß und unser früheres Opfer hat bald keine Kraft mehr. Es spürt all die Energien, die es umgeben und weiß nicht mehr, was es tun kann. Immerhin leidet das Opfer sehr unter der Situation und hat auch wiederum Angst, erneut das Leben durch das Gegenüber, den Täter zu verlieren. Bald weiß es sich keinen Rat mehr, doch dann kommt die zündende Idee, es fordert in einer Meditation den Kosmos auf, ihm zu helfen. Immerhin muss es sich in diesem Leben lösen und will unter keinen Umständen weitere Verstrickungen erleben.

Die Forderung nach „karmischer Vergeltung“

Unser Fallbeispiel nutzt die Kraft des Kosmos und auch des inneren Lichts und bittet in einer Meditation um Klärung und um „karmische Vergeltung“. Was will sie damit bewirken? Jeder kann um kosmische Hilfe bitten. Immer bekommen wir Hilfe gewährt, wenn wir um Klärung und um Unterstützung bitten. Doch was verbirgt sich nun hinter der Forderung „karmische Vergeltung“?

Die „karmische Vergeltung“ ist ein Aufruf an die kosmischen Lichtenergien, uns zu helfen, die karmischen Verstrickungen offen auf den Tisch zu legen. Wie ich in diesem Buch schon mehrmals beschrieben habe, ist das irdische Leben dazu da, dass wir uns aus Verstrickungen wieder lösen und unseren eigens gestellten Aufgaben folgen können. Sollten wir das nicht tun, dann werden wir unser Leben als hart und meist auch als ungerecht erleben. Und gerade dann, wenn wir auf Menschen treffen, mit denen wir karmisch sehr verstrickt sind, mit denen wir einiges zu bereinigen haben, dann kann es sein - wie oben beschrieben - dass wir unsere Aufgabe aus den Augen verlieren und uns erneut sortieren müssen. Dann ist es wichtig, dass wir Klarheit bekommen, und das können wir nur, wenn wir auch innerlich dazu bereit sind. Wir spüren, dass wir uns lösen müssen und haben keine Angst mehr vor dem, was dann auf uns zukommen kann. Wenn das der Fall ist, dann können wir den Kosmos um karmische Klärung und Unterstützung bitten.

Dem Wunsch nach karmischer Vergeltung, in einer Meditation an den Kosmos abgegeben, wird auch Folge geleistet und wir werden sehr schnell Linderung erfahren. All die karmischen Anteile, die unserem Gegenüber gehören, wird dieser sehr schnell zurückbekommen und wir bekommen das, was zu uns gehört. Somit werden die Energien mit Hilfe kosmischer Lichtenergie ausgetauscht. Doch Vorsicht, zumeist können wir nicht wissen, was der andere von uns hat und somit kann es sein, dass wir einige kleine Wunder erleben, die wir nicht unbedingt erleben wollten. Und das passiert uns dann sehr schnell, wenn wir damit arbeiten. Somit können wir immer um Unterstützung bitten, sollten jedoch nur Vergeltung fordern, wenn wir auch offen und bereit sind, das zu empfangen, was auch wirklich zu uns gehört, anders geht es nicht. Ist uns das klar, dann können wir uns klären. Denken Sie daran, alles das, was wir bewegen können, das sollten wir auch tun, damit wir wieder unseren inneren Frieden finden.

So auch in unserem Beispiel. Sie bittet den Kosmos um Hilfe und fordert karmische Vergeltung und sehr schnell merkt sie, wie die Energien sich wandeln, was dann alles passiert. Er löst sich von ihr, da er mit dem inneren Druck nicht mehr umzugehen weiß und auch sie muss sich neu sortieren, immerhin war er ein wichtiger Mensch in ihrem Leben - die karmische Verabredung, auch wenn die Begegnung eher negativ war, so ist sie doch sehr prägend und wichtig gewesen - und nun ist er weg. Auf der einen Seite atmet sie erleichtert auf und auf der anderen Seite schaut sie verzweifelt drein, immerhin hatte sie so schnell mit einer Trennung nicht gerechnet und war auch nicht richtig vorbereitet. Aber so ist das nun mal, wenn man Vergeltung fordert - die Energien lösen sich auf und es wird immer einen Vor- und natürlich auch einen Nachteil geben, dessen sollten wir uns sicher sein. Also bevor Sie auf solche Maßnahmen zurückgreifen, wählen sie lieber dezentere und bitten den Kosmos einfach regelmäßig um Unterstützung.

Doch was ist nun, wenn einer einem anderen in einem Leben etwas weggenommen hat, muss er dann auch das Gleiche oder Ähnliches wieder zurückgeben?

Karma - der Ausgleich alter und noch offener Rechnungen

Was passiert nun, wenn wir noch etwas gutzumachen haben, muss dann Gleiches mit Gleichem abgegolten werden? Muss ein Leben für das andere hinhalten oder wie werden solche Rechnungen bezahlt? Es geht bei karmischer Vergeltung wohl kaum darum, dass das eine das andere ablösen soll. Nein, es geht vielmehr darum, sich bewusst mit der anderen Seele zu verbinden. Oftmals sind die Seelen, denen wir etwas antun, für uns fremd oder wir empfinden sie als fremd, da wir sie nicht emotional in unserer Nähe mit einem menschlichen Verständnis wahrnehmen wollen. Einem Menschen, dem wir Mitgefühl entgegenbringen, dem können wir nichts tun. Doch ein Mensch, der emotional weit genug weg ist, der kann durch uns eher Schaden erfahren, da er uns so fremd ist. Wir können das gut in Kriegszeiten betrachten, gerade dann, wenn Zivilisten des Feindes von Soldaten der Gegenseite angegriffen werden, dann sehen wir deutlich, dass eher eine Abneigung und die bewusste Verachtung des anderen Gegenüber Ausdruck der unmenschlichen Gewalt sind. Menschen sind zu so vielen Verletzungsarten fähig, die wir uns manchmal gar nicht vorstellen können. Doch gerade das ist wichtig zu wissen. Oftmals haben wir das Gefühl für uns verloren. Und somit fällt es uns schwer, ein Gefühl für unser Gegenüber zu entwickeln und das ist die größte Gefahr, der wir uns aussetzen können.

Erst wenn wir uns damit näher auseinander gesetzt haben, dann können wir uns auch klären und somit Verständnis und Klarheit für unsere Handlungen bekommen. Nehmen wir das Beispiel und stellen uns vor, dass sich ein Soldat in einem Leben ein sehr belastendes Karma aufgebaut hat. Doch nicht die Soldaten, die durch seine Hand auf dem Schlachtfeld starben, sind sein Hauptmotiv, sich selbst zur Verantwortung zu ziehen, nein, gerade die Taten, vollbracht an unschuldigen Menschen, sind das, was ihn so quält und damit er erkennt, dass das, was er gemacht hat, falsch war. Nun braucht er die anderen, die ihm helfen, wieder Klarheit zu finden. Und so sucht er im nächsten Leben die Nähe eines seiner Opfer auf, um dem Opfer zu helfen, aus der Opferhaltung herauszugehen. Somit erlebt er das Opfer diesmal anders und lernt es zu lieben und ihm das wiederzugeben, was er ihm einst genommen hat - die Selbstachtung. Deswegen muss er nicht auf gleiche Art und Weise sterben, nein, er muss seinem Gegenüber helfen, das wiederzuerlangen, was das Opfer durch ihn und die Tat verloren hat. Das ist die Aufgabe, um die es geht.

Somit muss auch ein Räuber, der einst einem Menschen Hab und Gut geraubt hat, im nächsten Leben diese Person nicht mit Geld und Gold überhäufen, nein, es gibt andere Möglichkeiten, Dinge/Situationen auszugleichen. Das ist wichtig zu wissen. Wir suchen uns immer die Ebene aus, die wir brauchen, um zu erkennen, anders geht es nicht. Erst wenn wir das klar verstanden haben, dann erhalten wir eine Ebene des eigenen Verständnisses.

Was passiert, wenn wir vergessen sollten, dass wir etwas wieder gutzumachen haben? Auch das kann passieren, dass wir das, was wir uns einst vorgenommen haben, im täglichen Leben vergessen. Natürlich werden wir spüren, dass der andere von uns noch etwas zu bekommen hat, doch können wir uns auch dagegen sperren. Im Extremfall könnten wir den Spieß sogar wieder umdrehen und unser einstiges Opfer erneut erleichtern. Nach dem Motto, wenn es schon einmal geklappt hat, dann kann es ja auch wieder klappen, oder? Auch diese Konstellation tritt öfter ein. Nur leider haben wir dann immer mehr zu erledigen. Es lohnt sich also nicht. Faustregel: Wenn Sie an eine bestimmte Person denken und in sich spüren, dass irgendein Schuh Sie noch drückt, dann hören Sie bitte auf Ihr Gefühl und gehen dem inneren Druck nach. Es wird bestimmt etwas geben, was Sie noch zu erledigen haben. Machen Sie Trennungsübungen, um einen Ausgleich der Energien zu bewirken. Zumeist lösen sich dann Probleme fast wie von selbst auf. Denken Sie daran: Erst wenn uns klarer ist, welche Aufgaben wir uns für dieses Leben vorgenommen haben, dann können wir mit unserem Leben ganz anders umgehen.

Doch woran können wir feststellen, was wir uns einst selbst vorgenommen haben? Ganz einfach: Meditieren Sie regelmäßig, fühlen Sie in sich hinein und Sie werden interessante Entdeckungen machen. Lernen Sie dem kosmischen Fluss zu folgen. Erfüllen Sie die Aufgabe, die sich Ihnen in den Weg stellt. Seien Sie in Ihrem Leben ehrlich und verantwortungsvoll. Nehmen Sie das an, was der Kosmos Ihnen gibt. Fordern Sie jedoch nie - Sie bekommen hundertprozentig das, was Ihnen zusteht. Und sollte es sich dabei um ein Geschenk handeln, dann müssen Sie auch dieses annehmen, immerhin steht es Ihnen zu und nur darum geht es. Lernen Sie, öfter, am besten regelmäßig, mit dem Kosmos zu kommunizieren und Sie werden all das erfahren, was Sie erfahren sollen und auch wollen. Das ist der wirkliche Schlüssel zu unserem wahren Lebensglück, ein erfülltes und aufgeräumtes Leben zu erleben.

Karmische Begegnungen

Doch nicht nur Aufgaben bekommen wir aus früheren Leben gestellt, nein, wie ich schon erwähnte, können wir auch unsere alt erlernten Talente und Fähigkeiten nach vorne ins Bewusstsein holen und sowie wir das können, begegnen wir auch oftmals altbekannten Seelen wieder, die uns schon seit Ewigkeiten begleiten, mit denen wir Freund sind und mit denen wir uns auch wieder treffen wollen. Das sind die Freundschaften, die sich einfach, locker und leicht verbinden lassen und jede Menge Freude bescheren. Denn wie häufig treffen wir auf Menschen, die wir zu kennen meinen und mit denen wir einen tiefen Verbund über lange Zeit leben.

Ich meine hier jetzt jedoch nicht die Seelen, die wir treffen, die wir als harmonisch und auch als Bereicherung erleben, mit denen wir kurzweilig etwas auszuleben haben und die sich dann wieder von uns trennen. Nein, ich spreche hier von freundschaftlich eng verbundenen Seelen, die sich in Freude wiedertreffen. Diese Menschen begleiten uns zumeist ein Leben lang und sie sind eng mit uns liiert. Sie geben uns Freude und Kraft und dies wird mit Sicherheit auf Gegenseitigkeit beruhen. Und zumeist haben diese Freunde auch ähnliche Lernaufgaben wie wir selbst, so dass wir alleine über Gespräche eine gute Ebene der Klärungsmöglichkeit schaffen können.

Immer dann, wenn wir uns energetisch verstrickt haben, ist es besonders ratsam, mit einem anderen, der uns versteht, darüber zu reden. Immerhin bekommen wir alleine über das Gespräch eine andere Sichtweise. Auch eine Therapie verläuft nicht anders, als dass der Patient über seine Probleme spricht und dadurch eine andere Sichtweise der Dinge erhält. Ist ihm das klar, dann kann er damit ganz anders umgehen. Die innere Verhärtung löst sich ein wenig auf und er wird freier. Auch gerade gute Freunde sind oftmals Wegbegleiter innerer Verhaltensmuster und Prozesse, und somit zur Klärung und Selbstfindung dienlich. Je klarer uns das ist, desto einfacher können wir uns damit auch beschäftigen. Von daher kann es sehr wohl schon mal sein, dass eine gute Freundin für eine bestimmte Zeit besonders wichtig war und danach unwichtiger wird. Nur seien Sie sich sicher, gute und karmische Freunde verliert man nicht, man trifft sie immer wieder, meist, solange man lebt.

Doch eins ist sicher, je nachdem, auf welcher Struktur sich unsere Lernaufgabe befindet, erleben wir auch unsere Verhaltensmuster in unserem Leben. Auf der einen Seite werden wir immer Probleme haben, die uns belasten, doch auf anderen Gebieten werden wir auch reichlich belohnt werden, das sollten wir nicht vergessen. Und so gibt es Menschen, die ihre Lernaufgabe beispielsweise auf die Aktivitätsschiene gesetzt haben. Zumeist haben sie dann einen Partner, den sie seit Inkarnationen kennen und auch lieben. Sie leben eine wundervolle Partnerschaft, da ihnen dies zusteht. Sie brauchen auf diesem Sektor wenig zu lernen. Es fällt ihnen leicht. Da mag so manche Person, die ihre Themen auf die Partnerschaftsschiene gelegt hat, neidisch schauen. Doch wir alle sind reich beschenkt, wir müssen es nur sehen wollen. Doch wie gerne richten wir eher den Blick auf all die Punkte, die uns nicht behagen und somit können wir uns an dem, was wir haben, nicht richtig erfreuen. Und mal ehrlich gesagt, dass muss doch nicht sein, oder?

Ach übrigens, eins sollten Sie noch wissen: Sind Sie wirklich gewillt, Ihrer Aufgabe Folge zu leisten und haben Sie sich auch verabredet mit einer Seele, um endlich mit dieser Seele glücklich zu sein, dann seien Sie sich sicher, es wird passieren, und dann sitzen Sie zufrieden auf Ihrer Terrasse und blicken der untergehenden Sonne zu, sind glücklich mit all den Personen, die Sie umgeben und ausgeglichen mit dem Leben, das Sie leben. Dann haben Sie es geschafft und sind ein wahrer Lebenskünstler geworden. Ich will Ihnen bewusst diese Bilder vor die Nase halten, damit auch Sie den Antrieb bekommen, etwas zu tun.

Inneren Frieden finden - der Weg zur letzten Inkarnation?

Wir oft höre ich den Spruch: Das ist mein letztes Leben. Ja, kann das denn sein? Oder handelt es sich dabei schlichtweg um einen Wunschtraum, den wir uns vor Augen führen, der jedoch so nicht Realität werden kann?

Es gibt wirklich Menschen, die der Überzeugung sind, dass dies ihre letzte Inkarnation sei. Sie spüren in sich hinein und meinen, das war es. Ich selbst halte von solchen Prognosen sehr wenig, immerhin ist es schwierig, genau zu erkennen, ob wir wirklich alles aufgeräumt haben. Oftmals übersehen wir Dinge, die wir so mit unserem irdischen Auge auch schlecht wahrnehmen können. Und mal ehrlich gesagt: Ist denn zu inkarnieren wirklich negativ und belastend? Nein - warum dann die Eile?

Viele Menschen, die eine solche Hoffnung in sich tragen, wollen nicht weiterhin inkarnieren, da sie das Leben selbst als zu schwer empfinden. Ich gebe ja zu, es ist nicht einfach, mit all den Lebensthemen harmonisch umzugehen, gerade dann, wenn wir im Grunde genommen nicht wissen, warum wir inkarniert sind. Stellen wir uns jedoch bewusst dem Leben, dann ist es für uns auch wieder lohnenswert, immerhin könnten auch wir anderen helfen, auf ihren Weg zu kommen, und somit gibt es sehr wohl Seelen, die sich hauptsächlich zur Verfügung stellen, um andere auf ihrem Weg zu begleiten. Wir schauen uns das gleich genauer an. Doch eins ist sicher, wenn wir uns das vor Augen halten, dann können wir sehen, dass wir alle genug zu tun haben, denn im Grunde genommen haben wir alle das gleiche Bedürfnis weiterzukommen. Denn irgendwann wollen wir alle wieder zurück, zurück zum göttlichen Licht, das können wir wahrscheinlich nur, wenn auch viele Seelen aufgeräumt haben. Ich kann mir persönlich zwar sehr gut vorstellen, dass es nicht von jeder Seele erwartet wird, dass sie sich entstrickt, doch die meisten sollten es schon schaffen und somit werden wir uns gegenseitig helfen.

Eine Form ist die, wie ich schon erwähnt habe, dass es Personen gibt, die sich bewusst der Menschheit als Klärung zur Verfügung stellen. Doch auch individueller funktioniert das System. So sind zumeist schwerbehinderte Kinder reife Seelen, die sich in einer solchen Inkarnation zur Verfügung stellen, damit ihre Eltern an ihnen und an der ungewöhnlichen Lebenssituation lernen können. Diese Kinder sind zumeist hochsensibel und tragen sehr viel Lichtenergie in sich. Sie spüren ihr Leben aus einer anderen Perspektive und haben zumeist wenig Probleme mit ihrem Dasein, zumindest weniger als Personen, die sich vorstellen, wie es sein könnte, in solch einem Körper zu leben. Diese Seelen/Kinder wollen, dass ihre Eltern durch sie lernen. Sie selbst entscheiden zumeist, wann sie ihr Leben beenden wollen, das sollte man wissen, wenn man mit solch lieblichen und lichten Wesen zu tun hat. Die Hauptaufgabe für die Eltern ist die Akzeptanz der Lebenssituation und das Erkennen der allumfassenden göttlichen Liebe.

Diese Personen sind übrigens nicht zu verwechseln mit den Seelen, die auch behindert, doch zumeist energetisch hochgradig dunkel sind. Diese Seelen wählen eine solche Inkarnation, um sich zu erholen und das Leben so zu akzeptieren, wie es ist. Früher haben sie zumeist versucht, sich an das Leben zu klammern. Die Opferung anderer Menschen war dabei zumeist kein Problem, so dass sie heute auf die liebevolle Pflege anderer angewiesen sind, was ihnen eigentlich zuwider sein müsste. Über diese Pflege lernen sie, ihr Schicksal dankbar anzunehmen und einen neuen Standpunkt zum Leben einzunehmen. Sie werden den Unterschied der beiden Seelenkonstellationen bestimmt gut nachvollziehen können, wenn Sie in die Energie der Seelen/Kinder/Personen reinfühlen.

Also denken Sie daran, es gibt viel zu tun, also warum sollte es Ihre letzte Inkarnation sein? Doch nichtsdestotrotz, dass Sie bewusst aufräumen wollen, das hoffe ich mittlerweile, so dass Sie die Reinkarnation nicht mehr unbedingt brauchen, um sich karmisch zu entlasten. Die eine Aufgabe hier und eine andere dort, das ist wohl Ehrensache - denken Sie einmal darüber nach.

Nun stellt sich eigentlich die Frage, wer sorgt für uns zu Lebzeiten, wenn wir Fragen haben? Antwort: Unser Schutzengel, und auch das schauen wir uns jetzt einmal genauer an.

Schutzengel - die pflichtbewussten Aufpasser

Wie ich schon erwähnt habe, sind unsere Schutzengel dafür da, damit wir auch an die Themen, die für uns wichtig sind, herankommen können. Somit können wir sicher sein, wir werden auch auf das treffen, was wir treffen wollten. Unsere geistigen Helfer geben sich alle Mühe, den getroffenen Verabredungen Folge zu leisten. Somit können wir uns sicher fühlen, dass wir all das, was wir erfahren wollen, auch erfahren werden. Unsere Schutzengel sorgen auch dafür, dass wir Verabredungen mit anderen Seelen einhalten. Sollten uns diese auch manchmal unangenehm erscheinen, so haben sie doch einen tieferen Sinn und das sollten wir nicht vergessen. Somit sind unsere Schutzengel stets für uns da, wenn wir sie brauchen. Wenn wir sie bitten uns zu helfen, dann werden wir auch Hilfe erfahren. Doch wie viele Menschen gibt es, die zwar Hilfe bräuchten, denen es jedoch schwer fällt, um Hilfe zu bitten. Menschen, die gelernt haben zu beten, die können damit zumeist viel einfacher umgehen, als Menschen, die noch nicht einmal wissen, dass es für sie einen Transmitter/einen Schutzengel gibt, mit dem sie sich auseinander setzen können. Sie wissen nicht, dass sie nur Kontakt zu ihm aufnehmen müssen, und dass ihnen dann alsbald geholfen wird. Sollten Sie es bisher noch nicht ausprobiert haben, kann ich Sie nur ermutigen, trauen Sie sich und bitten Sie Ihren Schutzengel um Hilfe, er wird Ihnen helfen. Wie er das tun kann? Ganz einfach - Ihre Wünsche wird er an den Kosmos weiterleiten, damit diese erhört werden und je klarer Sie sind, desto einfacher werden Sie auch Erleichterung erfahren.

Sie könnten sich jetzt die Frage stellen, wie viele Schutzengel Sie überhaupt zu Ihrer Verfügung haben? Die Antwort darauf wird jedoch nicht ganz einfach sein. Immerhin gibt es die Möglichkeit, dass Sie nur einen haben, der Sie begleitet, immer dann, wenn es notwendig ist. Es könnten jedoch auch zwei oder sogar mehrere sein, die Sie an geplante Aufgaben zu bestimmten Zeiten erinnern sollen. Und so kann es sein, dass einer die Aufgabe übernommen hat, Sie an eine karmische Verabredung zu erinnern, die am Tage X auf Sie zukommen soll. Man kann dies jedoch pauschal schwer festlegen, doch Tatsache ist, Sie werden es selbst wissen. Immerhin haben Sie mit diesen Seelen die geplanten Verabredungen vor Ihrer Inkarnation getroffen, damit Sie auch sicher sein können, dass all das, was Sie erleben wollen, auch auf Sie zukommt. Sie selbst haben diese Seelen gebeten, sich zu kümmern, vergessen Sie das bitte nicht, denn dann können Sie mit Ihrem Leben und all dem, was Ihnen eventuell über die Füße läuft, viel einfacher umgehen.

Das ist die eine Seite, doch was ist, wenn wir andere und noch zusätzliche Wünsche in unserem Leben haben, die vorher für uns nicht sichtbar waren, mit wem nehmen wir dann Kontakt auf? Gehen wir einmal davon aus, dass wir wirklich gewillt sind, noch viel mehr in unserem Leben zu erfahren, als wir dies vorher geplant hatten. Wie wir nun wissen, können wir viel mehr Karma abarbeiten, als wir uns das vor diesem Leben vorgestellt haben. Was machen wir dann, wenn wir weitere Erfahrung sammeln wollen? An wen wenden wir uns, damit wir auch mit den passenden Themen konfrontiert werden? Wir können immer und jederzeit den Kosmos um Unterstützung bitten. Wir können dafür beten, dass wir in unserem Leben weiterkommen, dass wir vielmehr erfahren werden, als es ursprünglich für uns angedacht war. Doch die einfachste Variante ist die, die eigenen Schutzengel darum zu bitten, uns zu helfen. Sie werden uns all das vermitteln, was wir brauchen. Wir können sie bewusst ansprechen, immerhin sind sie für uns da. Wir brauchen kein schlechtes Gewissen zu haben, sie werden selbst entscheiden, wann und wie sie uns helfen wollen. Wir können sie somit in keine Rolle zwingen. Doch eins ist sicher, auch wir waren bestimmt schon mal als Schutzengel für sie da und/oder werden es wahrscheinlich auch noch mal sein.

Immerhin sind Schutzengel dafür da, um uns zu helfen und somit betreuen sie auf eine gewisse Art und Weise unseren Weg, nur dass uns das auch bewusst sein sollte. Je klarer und bewusster wir uns damit auseinander setzen, desto einfacher können wir auch Informationen erhalten. Immerhin können wir jederzeit mit ihnen Kontakt aufnehmen und von daher viel mehr Informationen über unser Leben erhalten, als wir das zumeist erahnen. Wir bekommen alles, was wir für unser Leben brauchen. Wir leben in vorbestimmten Richtungswegen, die wir auch zu gehen haben. Andere Ebenen behalten wir uns individuell vor. Das heißt, das, was wir lernen wollen, das werden wir eh erfahren. Doch inwieweit wir unser Leben als schön betrachten, was wir mit unseren Talenten machen und wie erfolgreich wir werden, alles das und vieles mehr, das bestimmen wir erst, wenn wir in unserem Leben stehen. Wir können in unserem Leben viel mehr erreichen, als wir zumeist denken, doch müssen wir dazu auch die innere Bereitschaft haben. Somit können wir unser Leben jederzeit verändern, so, wie wir es wollen. Oftmals brauchen wir jedoch für unsere Vorhaben auch kosmische Unterstützung, und damit wir diese erhalten können, bitten wir unsere Schutzengel um Vermittlung der Informationen, die für uns wichtig sind. Nun beschäftigen wir uns mit einem anderen Fall.

Was ist, wenn wir auf Menschen treffen, denen wir Gutes tun möchten? Was können wir dann tun? Auch in einem solchen Fall können wir anderen freiwillig, ohne Eigennutz kosmische Lichtenergie schenken, so dass sich diese Personen energetisch aufladen können. Doch das Wichtigste, was wir für einen anderen tun können, ist, die Schutzengel desjenigen zu bitten, sich um ihn zu kümmern. Damit Sie besser verstehen können, wie ich das meine, gebe ich Ihnen nachfolgend ein Beispiel:

Wir alle haben, wie schon erwähnt, Schutzengel, die für uns da sind und die uns auch helfen können. Doch die wenigsten wissen das und kümmern sich somit wenig bewusst um ihren kosmischen Energiefluss. Wir können uns jedoch jederzeit helfen, wenn wir uns mit diesen Wesen, die für uns zuständig sind, auseinander setzen. Tun wir das selbst nicht und sollte es uns schlecht gehen, dann kann auch ein anderer unsere Schutzengel bitten, sich um uns zu kümmern. Das funktioniert, wenn wir es wollen.

Nun stellen Sie sich vor, dass Sie für irgendeine andere Person die Verantwortung übernommen haben. Was machen Sie dann, wenn die andere Person nicht bereit ist, Sie aus der Verantwortung zu entlassen und sich selbst verantwortlich dem eigenen Leben zu stellen. Sie sehen, was alles passieren kann, welchen Gefahren der andere ausgeliefert ist und Sie fühlen sich dazu berufen, dem anderen zu helfen. Was machen Sie dann? Versuchen Sie, sich wider Willen um den anderen zu kümmern. Ja, dann bleiben Sie schon wieder in der Abhängigkeit. Und glauben Sie es mir, wenn Sie innerlich nicht mehr dazu bereit sind, dann werden Sie bewusst gegen sich leben und das wird auf Dauer schwierig für Sie werden.

Was können Sie tun? Übergeben Sie in einer Meditation die übernommene Verantwortung für den anderen seinen Schutzengeln und schon werden Sie merken, dass Sie sich befreiter fühlen. Sie haben etwas getan, was, energetisch betrachtet, sehr viel Sinn macht, und von daher die beste Möglichkeit gewählt, um wirklich wieder inneren Frieden zu finden.

Probieren Sie es aus, es wird Sie verwundern, wie einfach es geht. Warum das funktioniert? Sie haben energetisch einen Teil Verantwortung übernommen und nun geht es darum, diesen Teil auch wieder abzugeben, da es nicht zu Ihren Aufgaben gehört, sich anderen in dieser Form zur Verfügung zu stellen. Doch wem sollen Sie diese Energie abgeben? Der Person selbst, das wäre die einfachste Lösung. Und was machen Sie, wenn diese Person das Energiepaket nicht annehmen will? Dann übergeben Sie dies zumindest den Schutzengeln dieser Person und Sie werden sehen, es funktioniert. So, wie Sie einst das Energiepaket angenommen haben - und das kann auch in einem anderen Leben gewesen sein - so müssen Sie es nun auch wieder abgegeben. So einfach ist es, wenn man die Regeln kennt. Würden Sie Ihre Verhaltensmuster jedoch nicht abändern, dann würden Sie regelmäßig für andere Verantwortung mit übernehmen und das würde Sie sehr viel Energie kosten. Überlegen Sie, ob Sie das wirklich wollen und wenn nein, dann verändern Sie den sich selbst auferlegten Zwang. Doch nun zu einem anderen Thema - dem Familienkarma.

Familienkarma - Seelen, die miteinander in tiefer energetischer Verbundenheit leben

In einem vorherigen Kapitel habe ich schon erwähnt, dass es eine Seelenverwandtschaft gibt und dass es sich dabei um Seelen handelt, die stärker miteinander verwurzelt sind, als dies normalerweise der Fall ist. Wenn wir Personen/Seelen in einer bestimmten Lebensphase kennen lernen, dann ist das einfacher, als wenn wir uns mit unseren Eltern auseinander setzen müssen. Denn diese Personen, genauso wie unsere Kinder oder aber auch unsere Lebenspartner, kennen wir zumeist aus einem/mehreren früheren Leben und haben immer noch mit ihnen zu tun. Das heißt, diese Personen sind uns sehr nahe. Doch die Nähe kann positiv wie auch negativ sein. Wir haben zumindest mit ihnen sehr viel gemeinsam und somit auch viel zu tun. Sie können uns absolut gut gesonnen sein oder wir sind sehr stark mit ihnen energetisch verstrickt. Ganz nach Lage, so, wie es uns beliebt. Somit können wir beispielsweise nicht immer einen guten Verbund zu unserer eigenen Mutter haben, sollten wir einen Zwist mit dieser Seele/diesem Menschen von Anbeginn unseres Lebens in uns tragen.

Wie oft hört man davon, dass sich Kinder mit ihren Müttern ein Leben lang streiten. Doch um was für einen Streit handelt es sich dabei? Einerseits um die karmische Lernaufgabe, die, ganz individuell gesehen, analysiert werden muss, und auf der anderen Seite um die üblichen, fürsorglichen Ansprüche an die leibliche Mutter. Mutter zu sein bedeutet auch, sich hingebungsvoll auf das Kind einzustellen. Mütter kennen das, in dem Moment, wo sie schwanger werden, freuen sie sich - zumindest der mütterliche Anteil in ihnen - auf das Kind. In den kühnsten Farben malen sie sich aus, wie es denn sein wird, Mutter zu sein.

Dass damit auch gleichzeitig sehr große Ängste bezüglich der neuen Lebenssituation verbunden sind, will ich hier nur am Rande erwähnen.

Somit haben alle Frauen einen mütterlichen Instinkt, der durch eine Schwangerschaft besonders geweckt wird. Was passiert, wenn wir das frisch geborene Baby in den Armen halten und wir nicht, wie erhofft, glücklich sind? Wie oft passiert es Müttern, dass sie ihre eigenen Kinder nicht richtig annehmen können? Woher kommt das? Die Mutter erkennt in dem Moment, in dem sie ihr Kind in den Armen hält, um welche inkarnierte Seele es sich hierbei handelt. Mutter und Kind wissen um die Vergangenheit, sollte die auch nicht direkt sichtbar vor ihnen liegen. Doch der Instinkt irrt sich nicht. Sie kennen sich und das ist wichtig zu wissen. Die Mutter ist auf der einen Seite traurig, da es sich um diese Seele handelt und auf der anderen Seite bestimmt glücklich, dass sie ein gesundes Kind zur Welt gebracht hat. Somit treffen hier zwei Komponenten aufeinander. Doch schauen wir uns das Ganze noch genauer an und gehen einen Schritt zurück, in ein fiktives Beispiel eines früheren Lebens hinein.

Die Mutter und das Kind, wir wählen eine Tochter, haben sich früher mehr gestritten als gemocht. Die Mutter war eine Herrin und die Tochter die Dienstmagd am Hofe. Beide gingen sehr schlecht miteinander um. Die eine gönnte der anderen nicht das, was sie besaß. Die Herrin war sehr alt und auch einsam und die Dienstmagd jung und freundlich. Viele Verehrer wollten sich mit ihr verbinden, doch die Herrin hatte das Sagen und wollte ihre Magd unter keinen Umständen verlieren. Somit erlaubte sie ihr nicht, zu heiraten. Und irgendwann war auch die Magd nicht mehr so strahlend schön, die viele Arbeit und auch das Unglück, nicht heiraten zu dürfen, hinterließen ihre Spuren.

Dann starb die Herrin und die Dienstmagd lebte auch nur noch fünf Jahre weiter.

Die Seelen treffen sich nach der Inkarnation, wie verabredet, auf der Astralebene und erkennen, dass es sich bei ihrem Umgang miteinander um unmenschliche Verhaltensweisen handelte. Sie müssen lernen, den anderen so zu belassen wie er ist. Keiner darf sich machtvoll über den anderen erheben. In der Inkarnation hatte die Herrin kein Recht, ihrer Magd die Freude am Leben zu verderben, nur weil sie selbst zu wenig Freude erlebt hatte. Da beide lernen sollen, unabhängig von der anderen eigene Entscheidungen zu treffen, verabreden sie sich für das nächste Leben erneut und wählen diesmal die Rolle Mutter und Tochter. Und somit verlässt die Mutter die Astralebene und inkarniert. Im reifen Alter sucht sie sich einen passenden Partner und wird schwanger. Die Freude über das Baby ist übergroß, immerhin haben sich die beiden so sehr ein Kind gewünscht. Und dann kommt der große Tag der Geburt und nach vielen Schmerzen hält die Mutter das erste Mal ihre Tochter in den Armen. Sie blickt in die kleinen Babyaugen, die sie nur schemenhaft wahrnehmen können und erkennt die ihr entgegengebrachte Energie. Natürlich nicht bewusst, doch unbewusst weiß sie, dass es sich bei ihrer Tochter um die einstige Verabredung handelt und dass die Lernaufgabe darin liegt, den anderen so zu akzeptieren, wie er ist.

Sie kann sich nicht so richtig freuen, fast ein wenig traurig wirkt sie, doch auf der anderen Seite auch glücklich. Dann schläft sie erschöpft ein. Des Nachts im Tiefschlaf geht sie auf die Astralebene, um sich dort Informationen zu holen und siehe da, nun erinnert sie sich noch mehr und kann im Inneren das Kind akzeptieren. Die Zeit zieht vorbei und ihre Tochter wird größer. Natürlich macht die Tochter nicht gerade das, was die Mutter will, aber das soll sie in diesem Leben ja auch nicht tun. So stehen sich manchmal Mutter und Tochter ein wenig wütend gegenüber. Und gerade dann, wenn die alten Verhaltensmuster auftauchen, dann rappelt es besonders, dann streiten beide, da sie tief im Inneren immer noch wütend aufeinander sind. Nur keiner weiß bewusst, warum das so ist. Die Tochter wird wütend und empfindet ihr Dasein manchmal gleich einer Dienstmagd und besonders dann, wenn es der Wunsch der Mutter ist, dass sie die Küche aufräumen soll. So viel Wut und Verzweiflung tauchen dann in ihr auf, ohne zu wissen, woher das kommt. Die Tochter wird immer rebellischer, vor allen Dingen dann, wenn die Mutter hartnäckig auf ihrer Meinung beharrt, dann fühlt sie sich entmündigt und reagiert wütend. „Dieses Kind wird niemals hören," denkt die Mutter verzweifelt bei sich und Recht hat sie, solange sie versucht, ihre Tochter zu bevormunden, solange wird die Tochter sich rebellisch gegen die Anweisungen der Mutter richten, das ist das, was sie sich vorgenommen hat.

Die Mutter wird bestimmt eines Tages sauer auf der Couch zusammensinken und sich fragen, warum sie so kämpfen und so viel durchmachen muss, nur weil sie dieses Kind geboren hat - welche Undankbarkeit? Die Frage ist berechtigt, schaut man sich nur die heutige Konstellation an. Dann sieht es nämlich so aus, dass die Mutter einer anderen Seele ihren Körper für die Inkarnation zur Verfügung gestellt hat. Und durch diese Bereitschaft alleine hat sie Lob verdient. Auch das Ernähren des neuen Menschen bis er groß ist, sollte Anerkennung erhalten. Doch was bekommt sie? Schimpfe und Wutattacken, so dass sie manchmal an ihren Erziehungsmethoden zweifelt. Ganz so stimmt das zwar auch nicht, doch mehr und mehr wird sie es so empfinden. Sie hat das Gefühl, egal, was sie macht, es der Tochter eh nicht recht machen zu können, diese rebelliert stets weiter. Tja, das ist Karma. Würden sich jetzt beide in ein Gespräch mit einer neutralen und vertrauten Person einlassen, dann würden sie erfahren, worum es in ihrer Beziehung eigentlich geht, was der Hauptgrund des Zusammentreffens ist. Je bewusster sie den Verbund erklärend wahrnehmen können, desto einfacher wird die Beziehung miteinander sein. Doch leider gibt es so viele Berater auf diesem Sektor noch nicht, so dass sie mit den Problemen alleine klarkommen müssen. Was können die beiden nun tun, damit sie miteinander in Frieden umgehen lernen?

Oberstes Gebot für uns alle: Wir sollten unsere Mutter und auch unseren Vater ehren, für das, was sie für uns getan haben. Das beinhaltet eine grundlegende Akzeptanz und die brauchen wir auch, um unseren Frieden zu finden. Finden wir innerlich keinen Frieden mit den Eltern, dann werden wir sehr unzufrieden durch unser Leben gehen. Doch, wie so oft, wird mehr Kritik gesendet als Lob, doch das gehört sich nicht. Wir können offen sagen, was wir als falsch empfunden haben, doch unsere Eltern zu maßregeln, das gehört sich einfach nicht, denn ein Kind ist ein Kind und steht auf der Kindheitsschiene und die Eltern auf der elterlichen Schiene. Würden wir diese nun kritisieren, dann würden wir uns anmaßen, sie zu bewerten. Und das können wir wiederum nur aus unserer eigenen Perspektive heraus tun, und diese Wertung kann einfach nicht neutral sein, also sollten wir es direkt bleiben lassen oder ein für uns klärendes Gespräch suchen. Würden wir uns ständig über die Eltern beklagen, dann kann es uns passieren, dass wir vergessen, unser eigenes Leben zu leben. Und eins ist sicher, der beste Kritiker muss ja nun erst einmal unter Beweis stellen, dass er besser ist und da wäre doch die umgekehrte Variante, wobei die Kinder als Eltern inkarnieren, der ideale Ansatz. Diese Konstellation gibt es übrigens öfter. Also, wenn Sie im nächsten Leben nicht die Mutter oder der Vater Ihrer Eltern sein wollen, dann schließen Sie Frieden mit ihnen und Sie können ziemlich sicher sein, dass Sie dies dann nicht erleben müssen.

Doch, abgesehen davon, steht immer noch Karma im Vordergrund und will gelebt werden und auch hierbei gibt es nur eine Möglichkeit, damit umzugehen. Wenn Sie die Position des anderen anerkennen und ihm diese nicht streitig machen, dann können Sie mit der karmischen Aufgabe einfacher fortfahren. Sollten Sie kämpfen wollen, da Sie meinen, dass Ihre Eltern Ihnen Ihr Leben verbaut hätten, dann leben Sie im Grunde genommen gegen sich selbst. Denken Sie daran, Sie selbst haben darum gebeten, alles das, was Sie zu Ihrem Leben brauchen, auch zu bekommen. Und um zu erfahren, um was es sich speziell bei Ihnen handelt, brauchen Sie nicht unbedingt einen Berater aufzusuchen. Nein, Sie haben alle Informationen in sich und müssen somit nur lernen, das anzunehmen, was Sie brauchen und was Sie sich selbst ausgewählt haben. Wenn Sie sich selbst anerkennen, dann wird es Ihnen auch nicht mehr schwer fallen, Ihre Mutter und auch Ihren Vater so anzunehmen, wie sie sind. Gerade das wird von Ihnen erwartet. Die gegenseitige Akzeptanz ist das Bindeglied einer Familie, die miteinander in Harmonie leben will. Jede Abweichung grenzt an eine Bevormundung und kann nicht positiv verlaufen.

Doch warum bevormunden Menschen sich gegenseitig? Die Antwort ist einfach. Die meisten Menschen haben Angst, ihre gesicherte und gewohnte Struktur zu verlassen. Was andere draußen in ihrem eigenen Leben machen, interessiert sie zumeist wenig. Doch was intern abläuft, damit sind sie direkt konfrontiert, das können sie nicht so einfach abschalten. Und so passiert es häufig, dass wir auf Menschen stoßen, die unser Leben sehr verändern, da auch eine Veränderung für uns ansteht. Und gerade unsere Kinder sind Spezialisten auf dem Gebiet der

Wandlung. Tief im Inneren wollen wir ja auch die Wandlung haben, wir stimmen dem Prozess zu, also zeigen unsere Kinder uns nur den Weg, den wir auch selbst gehen möchten. Behindern wir unsere Kinder auf ihrem eigenen Weg, dann liegt dies nur daran, dass wir uns selbst genauso behindern und die Veränderung, die automatisch auf uns zurollt, nicht wahrhaben wollen. Eins ist jedoch sicher, wir kommen nicht drum herum, uns mit unserer Wahrheit auseinander zu setzen. Der einfache Weg wäre hierbei das Einlassen, denn dann könnten wir viel einfacher mit unserem Leben umgehen.

Eine andere Variante ist die, dass wir versuchen, unsere Kinder in unsere Bahn zu lenken. Wir denken, dass wir es besser wissen und meinen nun, den Kindern mit Rat und Tat zur Seite stehen zu müssen, doch gerade das ist das, was sie gar nicht haben wollen. Würden wir sie, wie eben schon erwähnt, als Persönlichkeiten anerkennen, dann könnten wir viel einfacher mit ihnen umgehen, so einfach ist das.

Doch was ist, wenn einer sich für einen anderen unbedingt verantwortlich fühlen will. Der eine auch die Verantwortung abgegeben und der andere diese angenommen hat? Was ist dann? Schauen wir uns auch das genauer an.

Die Übernahme von Verantwortung für eine andere Person

Wie übernehmen wir für andere Verantwortungsenergien? Punkt eins - wir brauchen zu der Person, um die es geht, einen tiefen emotionalen Verbund. Punkt zwei - wir müssen das Gefühl haben, dass diese Person schwächer ist als wir selbst. Dann haben wir mehr Verständnis für den anderen und sorgen für ihn nach mütterlichen Prinzipien automatisch mit. Dies passiert Frauen besonders häufig, da sie den Aspekt des Mutterseins und der Fürsorge für andere schon von Geburt an in sich tragen.

Der andere ist uns dann wichtiger als wir selbst. Wir kontrollieren ihn und schauen nach seinen Bedürfnissen, sind also wenig auf uns, sondern viel mehr auf den anderen fixiert. Wir schauen nach ihm, wie nach einem Kind und beobachten alles, damit wie erkennen können, was er braucht. Das, was er benötigt und auch haben will, versuchen wir ihm natürlich zu geben. Wir befriedigen seine Bedürfnisse, um wieder ein Stück innere Ruhe zu haben, nach dem Motto - unser Kind ist versorgt. Und wenn das „Kind" versorgt ist, dann wird sich auch die Mutter versorgen und alle sind, symbolisch betrachtet, glücklich.

Somit bedeutet es, für einen anderen die Verantwortung tragen zu wollen, auch eine Art Entmündigung dieser Person. Wir halten diese Person alleine für nicht lebensfähig und übernehmen dann die volle Verantwortung für das Leben des Auserwählten. Im Grunde genommen nehmen wir diesen Menschen nicht für voll, da wir niemals mit einem Menschen so verfahren würden, den wir als kompetent erachten, der also im Vollbesitz seiner Energie ist. Nur Menschen, die wir als kindlich, als zu leichtsinnig, als nicht vollwertig einstufen, die sortieren wir in die oben aufgeführte Kategorie und nicht anders.

Wir nehmen nur den Menschen die Macht, die sie sowieso abgeben wollen und fühlen uns dann über sie mächtig. Wir sorgen für sie und entmündigen sie auch gleichzeitig. Wir verhalten uns sehr edel und doch egoistisch. Warum tun wir das? Was haben wir davon? Denken Sie bei der nachfolgenden Erklärung bitte an Ihre weiblichen Anteile. Man muss aber nicht unbedingt als Frau geboren sein, um so zu handeln. Frauen sind von Grund auf Mütter und eins ist klar: Mütter brauchen Kinder, um die sie sich sorgen können. Das ist ein angeborener Urinstinkt, dem wir alle folgen. Da Kinderkriegen gerade in unseren Breitengraden nicht gerade als das Prestigeprinzip Nummer eins angesehen wird, verkneifen es sich viele Frauen, diesem Urbedürfnis mit voller Leidenschaft zu folgen. In Ländern, wo Frauen selbstverständlich viele Kinder bekommen, sehen wir viel weniger die übertriebene Verantwortungsübernahme für andere. Doch gerade bei uns in Deutschland, wo zumeist schon ein Kind für die Gesellschaft/das Umfeld als ausreichend angesehen wird, kommen viele Frauen in ihren Bedürfnissen zu kurz, immerhin leben sie etwas, was sie nicht leben wollen.

Es gibt einige Frauen, die gerne viele Kinder hätten, dies jedoch nicht ausleben, da die Gesellschaft sie dann verurteilen würde. Auch die Gewährleistung seitens des Vaters, der die Frau und auch seinen Nachwuchs versorgen muss, ist oftmals zu wenig klargestellt. Die Angst, durch Kinder zu verarmen, ist ein großer Hemmschuh, dem sich heutzutage viele Frauen und auch Familien nicht gewachsen fühlen. Und solange Kinder eher als etwas Nachteiliges angesehen werden, möchte man sich dem auch nicht unbedingt aussetzen. Darum verkneifen sich viele ihren tiefen inneren Wunsch und fügen sich dem, was das Prestige verlangt.

Und damit es keine ungewollten Kinder gibt, gibt es auch die Geburtenkontrolle, die der Frau durch Hormonblocker ermöglicht nicht schwanger zu werden. Wenn sie aber nun auf der einen Seite einen tiefen Kinderwunsch in sich trägt und auf der anderen Seite nicht aus dem Rahmenbild der Gesellschaft herausfallen will, was macht sie dann? Sie muss sich fügen und stellt sich somit gegen sich selbst. Sie möchte nähren, ihren Busen für ihre Urbedürfnisse einsetzen, darf es jedoch nicht. Ein Busen in unserer Gesellschaft muss als Lustobjekt jederzeit sichtbar als Ebenmaß stehen. Er darf nicht wie nach einer Stillphase aussehen und sollte das doch einmal der Fall sein, dann versprechen die Schönheitschirurgen, dieses „Manko" auszugleichen. Und wer da nicht mithalten möchte, der lebt schon wieder ein Stück gegen die Gesellschaft. Er hat dann das Gefühl, nicht das zu machen, was die anderen wohl tagtäglich tun. Wen wundert es dann noch, wenn so viele Frauen, auch gerade in Deutschland, Brustkrebs bekommen?

Doch was machen diese Frauen mit all ihrer Mütterlichkeit, die nun brachliegt? Sie suchen sich andere Kinder, die sie mit ernähren können. Denn sollten sie diesem inneren Wunsch nicht nachkommen, dann werden sie sich andere, erwachsene „Kinder" suchen, die sie mit ernähren können - und davon gibt es reichlich zu finden. Sie suchen nach angeblich schwächeren Personen, die es natürlich gar nicht gibt, da jeder seine eigene Stärke besitzt und kein Leben für den, der es lebt, zu schwer sein kann. Sie suchen sich ein kindliches Wesen, verloren in der harten Welt, und meinen helfen zu müssen, legen ihn dann an die Brust, um ihn zu nähren, damit er sich wieder wohl fühlen kann. Doch so bilden sich Abhängigkeiten, da beide durch die Fürsorge eine Verbindung erfahren, die einer Umklammerung gleichkommt. Beide haben Angst sich wieder zu verlieren, doch genau das müssen sie tun, denn jeder muss seinen eigenen Weg beschreiten, das ist die Aufgabe des Lebens eines jeden Menschen. Doch wie gerne sucht das unerfüllte Mutterteil in einer Frau nach dem inneren Kind eines Mannes, um es zu wiegen und zu lieben. Und sollte sich der Mann dann mehr und mehr zum Kind entwickeln und nicht mehr meinen, verantwortlich in seinem Leben stehen zu müssen, dann wird die Frau irgendwann traurig zusammensacken, immerhin sieht sie nun, dass er nur die Mutter in ihr sieht, aber nicht mehr die Geliebte. Die Versuchung und auch die Gefahr, dass er die Geliebte dann im Außen sucht, ist zumeist sehr groß. Und je mehr sich der Mann zu Hause zum Kind entwickelt, desto mehr wird er in eine Abhängigkeit gleiten und dann auf die komplette Hilfe seiner Frau angewiesen sein. Auch wenn ihm das dann nicht mehr gefallen sollte, so gibt es nur einen Weg, die Verantwortung für sein eigenes Leben wieder zu übernehmen. Immerhin heißt Partnerschaft zu leben, dass eine Frau und ein Mann in Liebe einen gemeinschaftlichen langen Weg miteinander beschreiten. Keiner hat davon gesprochen, den anderen zu entmündigen, ihn abhängig zu machen oder umgekehrt dem anderen alle Energieschuld aufzuladen.

Zurückkommend: Eine Mutter, die ihr Mutterdasein zu wenig ausleben durfte, neigt auch dazu, ihre eigenen Kinder nicht erwachsen werden zu lassen. Und das sehen wir gerade bei uns immer häufiger. Denn der Verlust des Kindes und somit der Aufgabe ist für viele mit Angst besetzt. Und sollte ein Sohn es gewohnt sein, von seiner Mutter immer fürsorglich behandelt zu werden, dann wird er sich automatisch eine mütterliche Partnerin suchen, damit er sein Spiel weiterhin spielen kann. Natürlich wird ihm das nicht bewusst sein. Doch mal darüber nachzudenken, kann nicht schaden.

Mädchen sind für solche Klammeraspekte wenig zu gebrauchen,

denn sie tragen selbst die Mütterlichkeit in sich. Es sind Jungen, die gerne von ihren Müttern festgehalten werden. Gerade die männlichen Wesen unter uns besitzen keine Mütterlichkeit, sondern einen Schutzinstinkt. Sie sind dafür da, die Familie zu beschützen. Da wir heute jedoch wenig Schutz brauchen, immerhin leben wir in einem sicheren Staat, sind die meisten Männer auf diesem Sektor arbeitslos. Sie kümmern sich um andere Dinge, werden jedoch so nicht gebraucht, wie es einst gedacht war. Somit haben sie keine richtige Funktion mehr, außer der, sich um ihr Leben zu kümmern und sich so zu platzieren, wie sie es für richtig halten und das in voller Verantwortung. Doch gerade bei Männern der heutigen Zeit können wir sehr leicht erkennen, dass ihnen oftmals die Aufgabe für ihr Leben fehlt. Wie viele allein erziehende Mütter gibt es, die den Schutz, auch materiellen Schutz, des Mannes brauchen, der sich dafür jedoch nicht verantwortlich fühlt. Und warum ist das so? Warum verlassen so viele Männer ihre Familien?

Das wiederum liegt an der Entmündigung seitens der Mütter. Denn viele Männer fühlen sich für sich selbst nicht verantwortlich. Schauen wir uns das genauer an: Viele Frauen leben die Rolle Mutter, obwohl diese von der Gesellschaft nicht allzu gut bewertet wird. Und trotzdem, die Funktion ist wichtig und so soll sie sich ruhig der Rolle stellen, da Nachwuchsbedarf besteht. Aber nach außen hin darf sie nicht übermäßig Mutter sein. Somit versucht sie dieses Manko, die emotional auferlegte Kälte, über andere Bereiche auszugleichen und das bedeutet, dass sie innerlich stets nach einem Kind Ausschau hält, um endlich die innere Wärme wiederzufinden.

Gerade Frauen sind sehr emotional und somit finden wir in unserer Gesellschaft sehr viele Frauen, die unter Depressionen leiden. Woher das kommt? Das sind all die Frauen, die meinen, sich nicht leben zu dürfen, die eher angepasst ihren Lebensweg beschreiten. Doch gerade darum geht es nicht. Wir müssen uns leben in voller Verantwortung, damit wir unser Leben jederzeit bejahen können. Ist uns das klar, dann geht es uns gut. Dürfen wir unsere Grundbedürfnisse jedoch nur zu wenig leben, dann leiden wir im Inneren über unsere eigenen gesetzten Gefängnismauern, die uns den Blick in unsere große, weite Welt versperren und gerade diese Personen versuchen auszubrechen, indem sie weiterhin nach Kindern Ausschau halten. Und so passiert es nicht selten, dass ein Sohn nicht verantwortungsvoll erwachsen werden darf, da er dem Wunsch der Mutter entsprechen möchte. Und wenn dann der reife, erwachsene Mann sich am Tisch seiner Mutter labt und ansonsten kaum ein Eigenleben führt, dann ist dieses Manko offen sichtbar. Doch gerade diesen Blick akzeptiert die Gesellschaft eher als eine Frau, die mit ihren sechs Kindern einkaufen geht.

Sollte der Sohn dann wider Erwarten sich in eine Partnerin verlieben und durch den sexuellen Genuss und die damit verbundene Freiheit von der Mutter ein Kind zeugen, dann kann es sein, dass er sich nicht dazu stellen kann, da die Mutter mit der zukünftigen Situation ein großes Problem hat. Er hört dann nonverbal auf die nicht ausgesprochenen Worte der Mutter, im Grunde genommen auf ihre Bedürfnisse, und tut das, was er meint tun zu müssen, er lässt die Partnerin alleine mit dem in ihr heranwachsenden Kind und bleibt bei seiner Mutter, da sie ihn braucht. Somit hat er wirklich eine Chance auf Eigenleben verwirkt. Doch wird er sich in diesem Moment wohl kaum für die Freundin, die nun Mutter wird, und sein Kind verantwortlich fühlen, da seine Mutter ihr eigenes Kind nähren will. Und wenn ein erwachsener Mensch dann das Gefühl bekommt, immer noch ein Kind zu sein, warum sollte er dann erwachsen handeln, vor allen Dingen dann, wenn die Mutter, die er täglich zu Gesicht bekommt und die die Verantwortung für ihn trägt, anderer Meinung ist.

Das ist übrigens auch der Hauptgrund, warum es so viele Witze über das angebliche Verhalten von Schwiegermüttern gibt. Die Mutter will ihren Sohn nicht gehen lassen, da sie ihn braucht und auch weiterhin als Kind sehen will. Die Frau sieht in ihm den Mann und wählt ihn mit seinem Einverständnis als Partner aus. Dann verliert die Mutter ihren Sohn in der bisherigen Funktion, da er eine andere Richtung einschlägt. Nun fühlt er sich als Mann. Natürlich werden auch in dieser Partnerschaft Probleme aufkommen, so dass die Mutter sich wieder einschalten kann. Immerhin hat sie sich auch gar nicht richtig ausgeschaltet, sondern mehr auf der Lauer gelegen. Sie hat stets weiterhin an ihr Kind gedacht und ihn in mütterliche Liebe eingehüllt. Sie weiß, dass die andere Frau ihm nicht das geben kann, was er braucht. Doch gerade das ist das, was die Frau als Geliebte ihm auch gar nicht geben will. Immerhin soll der Partner auch Partner sein und dies auch bleiben, und nicht eine andere Rolle übernehmen wollen. Die Mutter wird die scharfe Kritikerin ihrer Konkurrentin - der neuen Frau - sein. Und sie wird viele Aspekte erkennen, die sie anders machen würde, natürlich, denn sie schaut aus ihren Augen.

Und da Frauen leider und dummerweise gerne miteinander kämpfen, wird auch die Mutter einen energetischen Kampf mit der Schwiegermutter auslösen. Und wenn sie geduldig genug ist, dann hat sie es irgendwann geschafft, dann hat sich ihr Sohn gelöst und er ist frei. Ist er das? Nein, zumeist nicht. Ein Mann, der nicht gelernt hat, dass nur er alleine für sein Leben und seine Bedürfnisbefriedigung verantwortlich ist, der wird weiterhin die Mutter suchen. Und sollte er dann den Blick von der Mutter hin zur Partnerin schwenken, dann wird auch er erkennen, dass seine Partnerin im Grunde genommen Mutter ist und dann wird er mehr den mütterlichen Anteil in seiner Partnerin ansprechen, als die Frau/die Geliebte in ihr. Das Resultat wird dann eine gähnend langweilige Beziehung sein, indem er den Sexualaustausch mit ihr verweigern wird. Immerhin schläft man nicht mit seiner Mutter und somit zieht er sich zurück. Sie selbst kann damit auch nicht viel anfangen. Sie spürt, dass die Sexualität gestört ist und zieht sich zumeist selbst auch noch den Schuldschuh an.

Immerhin kursiert in vielen noch der Gedanke, dass die Frau, wenn es in der partnerschaftlichen Sexualität nicht mehr stimmt, diejenige ist, die angeblich nicht mehr will. Doch das ist eine typische Haltung für Personen, die ihre Verantwortung abgegeben haben. Der andere ist schuld, und somit sucht der Mann sich selbstverständlich eine neue Partnerin, da er die alte ja nicht mehr hat - die ist nämlich zu Hause zu seiner Mutter mutiert und soll seine Bedürfnisse auf andere Art befriedigen. Wissen Sie, wie oft ein solches Rollenverhalten in Familien gelebt wird? Denken Sie einmal darüber nach - die Zahl ist erschreckend hoch. Und das Resultat wird sein, dass es immer mehr Trennungen gibt, da viele Menschen eine solche Monotonie nicht dauerhaft ertragen können. Sie stehen sich selbst im Wege und wissen mit der Situation nicht umzugehen. Also, bevor Sie den Gedanken haben, sich aus Ihrer vielleicht ähnlich gelagerten, ausweglosen Partnerschaft zu lösen, reden Sie erst einmal mit ihm. Vielleicht ist ja gerade das Erkennen der gelebten Verhaltensmuster die ideale Lösung, und sollten dann die beiden Partnerschaftsanteile wieder miteinander harmonieren, dann kann auch diese Partnerschaft in Frische weiterleben. Dies ist ein Gedanke, der besonders wichtig ist.

Wenn Sie für einen anderen die Verantwortung übernommen

haben, dann geben Sie diese gedanklich wieder ab. Sie können einem anderen und vor allen Dingen sich selbst damit nicht helfen. Solange Sie sich für andere verantwortlich fühlen, solange behindern Sie Ihre Verantwortung für Ihr eigenes Leben. Also lösen Sie sich von den selbst auferlegten Fesseln und Sie werden ein ganz anderes, für Sie freieres Leben erleben.

Spüren Sie in sich hinein und fragen sich: Gibt es einen/mehrere Menschen, für die ich mich verantwortlich fühle? Wenn ja, dann schauen Sie sich Ihre Verhaltensmuster zu diesen Personen genauer an und Sie werden erkennen, um was es geht. Dann lösen Sie sich und denken bitte daran, jeder ist in der Lage, sein eigenes Leben zu leben. Keiner braucht einen anderen, um sein eigenes Leben zu gestalten. Nein, wir selbst können das schaffen, was vor unseren Füßen liegt, das sollten wir nicht vergessen.

Noch ein Tipp: Überprüfen Sie Ihre Verhaltensmuster Ihren Eltern gegenüber. Oftmals fühlt man sich teilweise für sie verantwortlich. Wenn man das möchte, ist das in Ordnung. Sollte es doch ein Gefühl von zwanghaftem Verhalten auslösen, dann gilt es, sich davon zu lösen. Je klarer wir mit uns selbst umgehen, desto besser werden wir uns auch fühlen.

Können Sie sich vorstellen, dass wir so weit gehen können, einen anderen vor seinem Karma zu beschützen, indem wir einen Teil seiner Last uns selbst aufbürden? Ja, geht das denn? Schauen wir es uns an.

Das unbewusste Tragen eines fremden Karmakoffers

Was ist ein Karmakoffer, werden Sie sich jetzt bestimmt fragen? Der Ausdruck stammt von mir selbst - ich persönlich denke dabei an die vielen verschiedenen Inkarnationen und unser unterschiedliches Aussehen. Solange wir noch Lernthemen durch eine bestimmte Inkarnation in uns tragen, solange werden wir auch noch das persönliche Aussehen aus dieser Inkarnation jederzeit für uns bereithalten, damit wir uns erinnern können. Im Grunde genommen schlüpfen wir symbolisch in die unterschiedlichen Anzüge, um uns an das zu erinnern, was für uns noch wichtig ist. Somit bezeichne ich diese Möglichkeit als das Tragen der individuellen Karmakleider, die wir entsprechend für uns bereithalten.

Stellen wir uns das einfach symbolisch vor und behaupten, dass wir alle einen Karmakoffer mit uns tragen, der uns die verschiedenen Aspekte, die wir noch zu erfüllen haben, vor Augen führt. Dieser Koffer hält alles das für uns bereit, was wir noch zu erledigen haben. Doch wie oft passiert es, dass wir aus den unterschiedlichen Gründen heraus Aspekte/Anteile eines anderen auf uns selbst laden, um die andere Person zu entlasten. Und somit befinden sich dann Anteile in unserem Koffer, die uns gar nicht gehören, die wir aber dennoch meinen tragen zu müssen. Wir ziehen uns dann symbolisch Schuhe an, die uns gar nicht gehören und auch nicht zu uns passen, die wir aber dennoch tragen wollen, da wir meinen, das diese zu unserem Leben gehören. Das passiert häufiger, als wir jetzt vielleicht denken mögen und deshalb ist es so wichtig, dass wir genau darauf schauen, was wir tun. Wir sollten bewusst auf uns Acht geben, damit wir uns auch von all den Themen, die nicht unsere eigenen sind, wieder befreien können. Damit uns das klarer wird, schauen wir uns das anhand eines fiktiven Beispieles an:

Wir nehmen eine Frau, die sich sehr für andere einsetzt. Tief im Inneren vertritt sie die Meinung, andere seien wichtiger als sie selbst und somit vergisst sie die Befriedigung ihrer eigenen Bedürfnisse mit einer fast karmischen Regelmäßigkeit. Sie missachtet dabei, sich um ihr eigenes Karma zu kümmern. Und da kommt ihr ihr Mann, der sich innerlich gegen sein Karma/seine Aufgaben stellt, gerade recht. Immerhin hat sie dann ein Pflegekind, um das sie sich kümmern kann. Die beiden kennen sich seit mehreren Inkarnationen und leben eigentlich immer das gleiche Muster miteinander. Der Mann will lernen, alleine für sich verantwortlich zu sein und die Frau im Grunde genommen auch. Das Verhaltensmuster lebt sich dann so: Die Frau stellt sich schützend vor den Mann und entmündigt ihn ein wenig mit ihrer übertriebenen, mütterlichen Haltung. Der Mann will sich dagegen wehren und stellt sich gegen die Frau und somit auch gegen seine eigene Verantwortung seinem Leben gegenüber, denn das hält die Frau ihm auch gleichzeitig unter die Nase. Klar? Nein, gut, dann deutlicher - die Frau hat in irgendeiner Inkarnation die Verantwortung für die Seele des Mannes übernommen. Da sie sich jedoch durch diese Überbelastung selbst daran hindert, die Verantwortung für ihr eigenes Leben in vollen Zügen zu übernehmen, befindet sie sich ein wenig in der Opferrolle. Das ist ihr auch klar und sie möchte diese Position verlassen. Das wiederum kann sie jedoch nur, wenn er die Verantwortung für sein Leben wieder übernimmt - zumindest denkt sie so. Deshalb inkarniert sie wieder in seiner Nähe und hält ihm seine Schuhe/seine karmische Missachtung vor die Nase. Er will jedoch von ihr keine Lehre annehmen - was man auch verstehen kann - und stellt sich somit gegen die Lernaufgabe. Was er nicht sieht, ist, dass er sich somit auch gegen sein eigenes Licht stellt. Sie spürt immer deutlicher, dass es für ihn an der Zeit ist, seine eigenen Themen endlich wieder anzunehmen und sich für sein Leben verantwortlich zu fühlen. Sie will ihm helfen, da sie Angst hat, dass er vom Schicksal getroffen werden könnte, wenn er sich nicht freiwillig seiner Verantwortung stellt. Sie spürt eine leichte Bedrohung für ihn und stellt sich symbolisch als Schutz dazwischen. Und dies gerade dann, wenn der Kosmos für ihn Lernaufgaben bereithält und diese Energien aussendet. Bewusst sind ihr ihre Handlungen, energetisch gesehen, jedoch nicht so ganz. Sie handelt rein mütterlich aus einem Instinkt heraus und versucht ihn lediglich zu beschützen. Je mehr sie das macht, desto mehr wird sie auch getroffen werden, immerhin bekommt sie dann all die Ladungen ab, die eigentlich ihm gelten. Innerlich leidet sie darunter und versucht einen Teil der Ladung ihrem Mann/dem eigentlichen Empfänger wieder abzugeben. Der wiederum fühlt sich durch ihre aufdringliche Energie teilweise herumkommandiert und reagiert mit Abwehr.

Was ist nun zu tun? Beide müssen loslassen. Die Frau muss endlich die Verantwortung für ihr Leben übernehmen und den Mann seinem Schicksal überlassen. Immerhin hat sie kein Recht sich einzumischen, auch wenn sie denkt, dass ihr dies zusteht. Denn so stimmt es nicht. Sie kann nur das tragen, was ihr auch gehört. Stellt sie sich weiterhin gegen sich selbst, dann wird auch sie über Schmerz erfahren müssen, was es heißt, gegen das innere Licht zu leben. Sieht sie genauer hin, dann kann sie mit ihrem Leben ganz anders verfahren. Sie braucht ihn nicht zur Auflösung ihres inneren Zwanges - immerhin hat sie sich selbst die Themen auferlegt - und das heißt, sie braucht sich nur um sich selbst zu kümmern. Sie kann die übernommene Verantwortung jederzeit wieder an den Kosmos abgeben. Sie muss nicht darauf warten, bis sie von ihm das passende Signal erhält. Sie muss nicht seine Bereitschaft spüren, endlich die volle

Verantwortung für sein Leben übernehmen zu wollen. Immerhin weiß sie gar nicht, welche Verantwortung ihm wirklich obliegt, da sie durch die eigene Eingebundenheit nicht klar sehen kann, worum es wirklich geht. Wenn ihr das klar ist, dann kann sie sich leicht und locker lösen und ihm mit Vertrauen begegnen. Immerhin wird er genauso, wie jeder andere Mensch auch, in der Lage sein, sein Karma selbst zu tragen.

Ja, und er wird dankbar sein, endlich den Blick auf sich selbst und nicht immer auf sie richten zu müssen. Denn schaut er auf sein Karma, dann steht sie dazwischen und das behindert ihn an der wahren Sichtweise. Natürlich könnte er sich seinen Weg frei machen und sie beiseite schubsen, doch dürfte auch schon klar sein, dass er wohl Angst vor der Ungewissheit hat, was denn alles auf ihn zukommen mag, wenn sie beiseite geht. Doch solange eine andere Person seinen wirklichen „Schatz" verbirgt, kann er nicht klar sehen, worum es geht und das wird ihn eher behindern, als ihm nützen. Somit wird er allen Mut zusammenpacken und sich seinem Leben selbst energetisch öffnen. Natürlich hat er das Spiel lange gespielt, aus der Angst heraus, das annehmen zu müssen, was zu ihm gehört. Sonst hätte es gar nicht passieren können. Sonst wäre die Frau gar nicht in der Lage gewesen, eine solch große Last von ihrem Mann auf sich selbst zu übertragen. Doch nun, nach vielen Inkarnationsversuchen, das wieder abzugeben, was dem anderen gehört, ist bestimmt nicht einfach. Denn die Gewohnheit lässt so manches nicht schnell erkennen. Doch nichtsdestotrotz ist es an der Zeit Grenzen zu ziehen. Und da wir niemals wirklich wissen können, was dem anderen gehört, sollten wir all das, was wir in uns tragen und was nicht zu uns gehört, dem Kosmos abgeben, damit er damit arbeiten kann. Immerhin wird der Kosmos dafür sorgen, dass die Energien sich wieder sortieren und alles dorthin gehen wird, wo es hingehört.

Der nachfolgende Spruch wird einiges an Klärung bringen: „Ich gebe alles das, was ich mir selbst aufgeladen habe und was nicht zu mir gehört, wieder ab und übergebe es dem Kosmos mit der Bitte, es sortiert dort hinzubringen, wo es hingehört. Gleichzeitig bitte ich den Kosmos auch darum, mir alles das zurückzugeben, was mir gehört und was ich nicht aufgenommen habe. Ich will mich energetisch und auch karmisch sortieren."

Wenn Sie diesen Spruch öfter sagen und es wirklich ernst meinen, dann werden sich die Energien sortieren. Das heißt, sie bekommen das zurück, was sie einst abgegeben haben und was ihnen gehört, und geben das wieder ab, was sie sich selbst aufgeladen haben und was nicht zu ihnen gehört. Ob dieser Austausch nun im ersten Moment positiv oder negativ ist, spielt hierbei keine Rolle. Ich finde, jeder Mensch, der sich wirklich klären will, sollte so ein Ritual mindestens einmal in Anspruch nehmen. Denken Sie daran, Sie sollten nur das tragen, was wirklich zu Ihnen gehört.

Können Sie sich vorstellen, dass auch Sie Anteile/Energien abgegeben haben? Ja, dann fühlen Sie in sich hinein. Sie werden spüren, dass es bestimmt etwas gibt, was Ihnen fehlt. Sie können ziemlich sicher sein, wenn Sie Verantwortung für andere übernommen haben, dann waren Sie für sich selbst sehr unverantwortlich und haben sich selbst vernachlässigt und das führt zumeist dazu, dass Sie Anteile von sich abgegeben oder brachliegen gelassen haben. Und diese kommen dann auch wieder auf Sie selbst zurück. Achten Sie mal darauf, es ist eine spannende und interessante Ebene, die man betrachten kann, wenn man es möchte.

Ein Tipp: Wollen Sie ein Talent oder eine erlernte Fähigkeit in sich wieder zum Leben erwecken? Dann denken Sie immer wieder daran und bitten den Kosmos um Unterstützung. Ihre Schutzengel werden dafür Sorge tragen, dass Sie klare Perspektiven bezüglich Ihrer Bitte erhalten werden. Mehr und mehr werden Sie spüren, dass Sie sich erinnern und alte Bilder werden in Ihnen wieder wach werden. Was Sie dazu jedoch brauchen, ist Geduld. Denken Sie daran, nach unserem Zeitgeschehen erleben wir alles das, was wir brauchen, zu dem Zeitpunkt, der die Reife trägt. Doch können Sie sicher sein, alles kommt zur passenden Zeit. Was ist eigentlich Zeit und wie zeigen sich auf der karmischen Ebene die unterschiedlichen Zeitepochen? Dieser Frage werden wir uns nun widmen.

Die Zeitalter - Gegenwart, Vergangenheit und Zukunft - alles zur gleichen Zeit, dann, wenn wir es brauchen

Sie werden sich bestimmt ein wenig über die Überschrift wundern. Doch ist es tatsächlich so, dass wir nach unseren irdischen Gesichtspunkten ein Zeitgefühl brauchen, da auch unser Körper alleine vergänglich ist. Deswegen brauchen wir die Sortierung von Gegenwart, Vergangenheit und auch der Zukunft. Für uns läuft das Leben linear ab und wir fühlen jeden Tag, der näher kommt. Doch auf der kosmischen Ebene gibt es ein solches Zeitempfinden nicht. Nur wir auf der materiellen Ebene denken so. Machen Sie, um das System besser verstehen zu können, doch einmal folgende Übung: Stellen Sie sich einen erlebten Kindergeburtstag vor. Je mehr Sie an Ihre Kindheit denken, desto mehr werden die Bilder wieder in Ihnen wach werden. Mehr und mehr werden Sie den Zustand, die Energien vor Ihrem geistigen Auge als real wahrnehmen, fast spürbar sind Sie dabei, obwohl diese Situation vielleicht schon 35 Jahre zurückliegt. Doch je mehr Sie dahinschauen, desto realer wird es.

Das heißt eindeutig, wir können uns jederzeit anpassen, so wie wir es wollen. Wir können in der Zeit leben, die wir haben wollen, es liegt alleine an uns, was wir wollen. Ist uns das bewusst, dann können wir mit unserem Leben ganz anders verfahren. Die meisten Menschen, die Probleme haben, haben die, da sie meinen an Althergebrachtem festhalten zu müssen. Sie leiden immer noch an alten Schmerzen und können am aktuellen Tagesgeschehen nur sehr begrenzt teilnehmen. Diese Menschen müssen lernen aufzuräumen, damit wieder eine andere Ebene der Entfaltung möglich ist. Anders wird ein Weiterkommen kaum funktionieren können. Somit müssen wir uns schon mit uns und vor allen Dingen mit unserer Vergangenheitsbewältigung auseinander setzen, damit wir auch gut im Ist-Zustand leben können. Tun wir das nicht, dann werden wir immer ein Stück hinterherhinken.

Beschäftigen wir uns nun einmal mit den Zeiten, in die wir inkarnieren können. Nach unserem Empfinden müssten wir nach diesem Leben in die Zukunft inkarnieren, doch genau das muss nicht sein, denn wir inkarnieren in die Zeit hinein, die wir erleben wollen. Somit kann es sehr wohl sein, dass wir eine Zeitepoche für unsere nächste Inkarnation wählen, die, aus unserem Blickwinkel heraus betrachtet, eher in der Vergangenheit liegt. So erklären sich zum Beispiel die Romane von Jules Verne, die eindeutig Tatsachenberichte aus einer Zukunftsschau waren. Wir können sehr wohl aus unserer Zeitrechnung betrachtet aus der Zukunft kommen und somit zurückinkarnieren. Ganz so, wie wir es brauchen. Denn eine Zeitrechnung haben wir nur nach unserer irdischen Perspektive und nicht anders. Auf der Astralebene gibt es keine Zeitfrequenz und somit können wir uns die Zeiten aussuchen, die wir brauchen, um das zu lernen, was wir lernen wollen. Brauchen wir dazu eine Inkarnation in die Zeit des Mittelalters, dann werden wir uns dort ein Plätzchen suchen, ganz wie es uns beliebt. Doch wie ist das möglich, werden Sie sich vielleicht jetzt fragen? Das ist zwar nicht einfach, doch logisch erklärbar. Die verschiedenen Inkarnationsebenen haben mit der materiellen Welt zu tun, die es jedoch grob betrachtet, auf der Astralebene, so wie wir sie sehen, gar nicht gibt. Wollen wir heute einen Abstecher nach Paris machen, dann brauchen wir lange Zeit, bis wir dorthin gelangen, der Aufwand ist bestimmt nicht einfach. Anders hingegen ist es auf der Astralebene, da reicht alleine der Gedanke aus und wir können uns dorthin begeben, sollten wir ein Interesse daran haben. Somit sind wir frei in unserer Gedankenwelt und nur die alleine zählt. Wenn wir uns zurückerinnern, dann können wir uns sehr leicht in eine andere Zeitebene hineindenken und genauso funktioniert dies auf der Astralebene. Symbolisch betrachtet läuft alles parallel ab, so dass wir jederzeit und überallhin inkarnieren können.

Also noch einmal im Klartext: Die materielle Welt besteht nur für uns, solange wir inkarnieren, im Grunde genommen ist sie jedoch gar nicht da. Nur unsere Gedanken erschaffen sie stets für uns neu. So funktioniert es auch auf anderen Planeten, auch dort wird sich höchstwahrscheinlich Leben befinden, was wir jedoch mit unseren irdischen Augen gar nicht erfassen können. Menschen, die in diese Ebene spirituell hineinfühlen, sind von Lebensformen auf anderen Planeten überzeugt. „Spinnerei," sagen Wissenschaftler, die kein Leben direkt erkennen können. Doch was stimmt nun? Sollten wir wirklich die alleinigen Planetenbewohner in unserem Sonnensystem sein? Das kann ich mir, ehrlich gesagt, nicht vorstellen. Also warum sollten wir - alles Leben auf der Erde - alleine eine Lebensform tragen? Gedanken über Gedanken, doch gehen wir weiter zum Thema zurück.

Bestimmt ist die oben genannte Vorstellung für einige schwierig zu verstehen, doch eins lässt die These deutlich erklären. Wenn wir sterben, dann lösen wir uns von der materiellen Ebene ab, die dann auch keine Gültigkeit mehr für uns haben wird. Wir können uns jederzeit gedanklich auf eine andere Ebene setzen, wir müssen es nur wollen. Probieren Sie es einmal aus und Sie werden sehen, es funktioniert.

Nun sind Sie mit Sicherheit ein paar Schritte weitergekommen, doch bestimmt auch neugierig geworden, wie sich ein karmisches Leben so anfühlen kann. Sie haben bestimmt schon mal davon gehört, dass es Personen gibt, die sich zurückführen/in ein anderes Leben haben fallen lassen. Man kann mit Hilfe eines erfahrenen Reinkarnationstherapeuten diese Wege sanft beschreiten. Viele erhoffen sich jedoch durch eine solche Rückführung den Blick in eine grandiose Vergangenheit. Doch nicht immer werden wir etwas Besonderes dargestellt haben. Oftmals haben wir eher ein schlichtes Leben geführt. Je weniger wir uns gedanklich etwas auferlegen, desto einfacher werden wir auch den Bildern, die wir sehen werden, Glauben schenken.

Eine karmische Kurzgeschichte

Es handelt sich hierbei um eine Geschichte, die ich selbst erlebt habe, die also einen Teil meiner Vergangenheit darstellt. Das Erleben und Erinnern an diese Zeit und an das Leben liegt jedoch nun schon 13 Jahre zurück. Doch zuerst die Gegenwart: Ich bin eine Frau von 26 Jahren und habe kaum Ahnung, wie viel geistige Kraft ich in mir habe. Doch sollte ich sie kennen lernen, und so trug es sich zu, dass ich mich energetisch mit einer anderen Frau, die auch spirituelle Kräfte besitzt, eingelassen und gestritten habe. Der Grund dafür war ein Mann. Ich war damals seine Freundin und die andere Frau eine nahe Verwandte von ihm. Die Verwandte stellte fast partnerschaftliche Versorgungsansprüche an ihn, da er sich um ihre Familie kümmern sollte, so wie er es einst auf dem Totenbett seines Vaters versprochen hatte. Ich wollte und konnte diese Haltung damals nicht verstehen. Wir beide fingen an, um den Platz an seiner Seite zu kämpfen. Leider wurden keine offenen Worte gesprochen, nein, der Streit lief nonverbal und hochgradig energetisch explosiv ab. Mehr und mehr war der Streit für jeden offen spürbar. Kein Wort wurde jedoch in der Familie darüber verloren. Indirekt wurden viele Energien ausgetauscht. Wir spürten die gegenseitige Abneigung, ja fast den gegenseitigen Hass immer mehr. Wir steigerten uns immer mehr in die eigene Wut hinein. Warum wir das eigentlich getan haben? Welchen Grund es wirklich für diese krasse energetische Auseinandersetzung gab, war uns im Grunde nicht ganz klar. Die Gefühle wurden immer stärker, ja fast unerträglich. Bis ich auf einmal so an meine innere Wut kam, dass ich die andere mit einer vollen Energieladung bombardieren wollte, so stark, dass sie tot zusammenbricht. Erschrokken blickte ich auf: „Oh Gott, das will ich doch gar nicht". Und sofort bremste ich die Energieladung schnell noch ab.

Die Vergangenheit: Dann auf einmal befinde ich mich in einer anderen Welt. Von einer Sekunde auf die andere bin ich woanders. Ich lege mich hin, schließe meine Augen und lasse die Bilder, die da kommen wollen, vor meinem inneren Auge ablaufen. Doch es sind nicht nur Bilder, die ich sehe, ich spüre, rieche und nehme alles so realistisch wahr, als würde es gerade geschehen. Meinem Freund, der gerade neben mir sitzt, erzähle ich alles, was ich sehe:

Ich bin erstaunt und frage mich: „Wo bin ich?" Verwundert schaue ich mir alles an. Ich befinde mich auf einem mittelalterlichen Marktplatz, sehe die großen Steine, die die Erde ein wenig befestigen sollen. Schaue auf die Marktwagen, die nur an der einen Seite dicke Räder haben. Schaue auf die Menschen und das Treiben. Ich rieche sogar die Atmosphäre und spüre alles ganz genau, doch hören kann ich nichts. Ich frage mich, warum das so ist und bekomme den Impuls - du bist taub, du kannst weder hören noch sprechen. Das war deutlich zu spüren und trotzdem fühlte ich mich gut. Ich hatte das Gefühl, alle lächelten mir freundlich gesonnen zu. Dann will ich nach Hause gehen und folge den Blicken, die ich erhaschen kann. Auf dem Nachhauseweg begegne ich ein paar Vögeln und schaue denen zu. Und auf einmal war es vollkommen klar, dass ich den Vögeln zuhören kann. Ich kann die Sprache der Vögel verstehen. Ich wusste, was sie sagten, und hatte den Eindruck, auch von ihnen - ich muss wohl schon öfter mit ihnen Kontakt gehabt haben - verstanden zu werden. Dann ging ich zu einem großen Bau und durch eine Toröffnung in einen Hintergarten hinein. Ach, hier war ich zu Hause. Ich ging die Stufen zu einem Haus empor. Nein, es war kein freistehendes Haus, es war ein Anbau, der zu einem sehr großen Bau gehörte. Ich betrat den Anbau und erkannte eine riesig große Küche. Mehrere Frauen arbeiteten hier und ich fühlte mich absolut zu Hause. Dann kam ein

Mann/mein Vater zur Tür herein, stattlich gekleidet und auch sehr beschäftigt lächelte er mir trotz der vielen Arbeit zu. Es war sein Job, er musste dafür sorgen, dass im hochherrschaftlichen Haus alles in Ordnung war.

Mehr und mehr hatte ich das Bewusstsein, es ist wirklich mein Leben: Ich stand in der Küche vor dem großen Haus und all die Personen, die dort arbeiteten, waren dafür zuständig, sich um das Zubereiten der Speisen zu kümmern, und mein Vater musste dafür sorgen, dass auch alles perfekt aufgetragen wurde. Er war wohl ein sehr hoch angesehener und auch rangmäßig hochgestellter Diener. Doch trotz seiner Strenge und Korrektheit war er beliebt. Ja, und ich, ich war seine Tochter, die auch jeder mochte. Ich schaute, was ich zu tun hatte, doch da gab es fast nichts. Ich brauchte kaum zu arbeiten, immerhin dachten die Menschen wohl, ich würde sie nicht verstehen, doch das stimmte nicht. Da ich nicht hören konnte, hatte ich auch nicht gelernt zu sprechen, also war ich somit behindert, was mir persönlich gar nicht so auffiel. Meine Mutter, die ich nie kennen gelernt hatte, muss wohl bei meiner Geburt im Kindbett gestorben sein. Und da ich energetisch so liebreizend wirkte, hatte ich über all die Jahre viele Mütter und besonders eine alte und sehr rundliche Frau, die mir sehr wohl gesonnen war. So vermisste ich in meinem Leben nichts, immerhin hatte ich alles, was ich brauchte und war glücklich. Die Menschen mochten mich, und das war für mich besonders wichtig.

Dann kam der Tag, an dem sich mein Leben veränderte, der Tag an dem ich ihn traf. Nie zuvor hatte ich mich mit dem riesigen Gebäude (Schloss) auseinander gesetzt. Immerhin war es mir verboten, mich in den Gemächern aufzuhalten, und daran hielt ich mich. Nur einmal als ganz kleines Kind war ich dort. Den Rest der Zeit/der Jahre meiner Kindheit verbrachte ich damit, mich in dem Bereich aufzuhalten, der mir zustand, und ins Dorf oder in die freie Natur zu gehen.

Dann kam der Tag, als ich ihn traf. Ich wollte gerade mal wieder ins Dorf und ging am Schloss entlang, da sah ich ihn, wie er stolz auf seinem Pferd entlangritt. Ich hatte das Gefühl, vom Blitz getroffen zu sein, immerhin konnte ich mir nicht erklären, was passierte. Auf einmal hatte ich das Verlangen bei ihm zu sein. Ein Gefühl, welches ich vorher nicht kannte, immerhin war ich nur mit mir selbst beschäftigt. Auch ich muss ihm aufgefallen sein, als unsere Blicke sich trafen. Jetzt erst bemerkte ich meine Weiblichkeit und auch mein Aussehen. Ich ging zu einem Bach und schaute auf die Wasseroberfläche. Mein Antlitz blitzte mir entgegen. Ich war zur Frau herangereift und hatte gerade den Mann getroffen, den ich zum Ehemann haben wollte. Mehr und mehr dachte ich an ihn und mehr und mehr spürte ich ihn auch, obwohl er weit genug von mir weg war.

Ich ging ihm nicht mehr aus dem Kopf, dessen war ich mir sicher. Ich wollte ihn um jeden Preis haben, und er wollte mich auch, das spürte ich zumindest. Mir erschien alles wie in einem Märchen, aber ich konnte ihn spüren, war bei den Gesprächen, die er führte, dabei und konnte durch seine Augen den Palast bewundern. Natürlich konnte ich das alles nur energetisch wahrnehmen. Doch ich merkte, dass er mich haben wollte. Ich war mir dessen sicher. Wir sahen uns erst eine Weile später wieder, aber der Blick, den er mir entgegenbrachte, war absolut vielversprechend. Nach dem, was ich mitbekommen hatte, musste er in diesem Palast wohl eine wichtige Person sein - nicht der Sohn oder der nächste Verwandte, aber trotzdem wichtig. Ich spürte, dass er sich wirklich damit auseinander setzte, mich zu heiraten und eigentlich hatte auch keiner etwas dagegen, obwohl ich bürgerlich war, immerhin war mein Vater sehr angesehen. Doch das wirkliche Problem war meine Taubheit und somit auch meine Sprachlosigkeit. Man konnte mit mir nicht reden. Das war bisher kein Problem für mich, aber jetzt - brach in mir eine Welt zusammen, und ich merkte, wie er sich auf einmal emotional von mir wieder zurückzog. Auf einmal konnte ich ihn nicht mehr wahrnehmen, ich war alleine und das erste Mal einsam. Meine Welt verdunkelte sich und ich befand mich in tiefer Trauer. Nichts mehr konnte mich glücklich machen, nicht meine Mitmenschen, nicht meine Vögel, alles war nur noch grau in grau - so hatte ich mich noch nie gefühlt. Die Zeit zog an mir vorbei, ohne dass sich mein innerer Zustand änderte. Auch die Menschen, die mir immer wohl gesonnen waren, mieden mich nun, ich war nicht auszuhalten, fast wie eine lebende, blasse Leiche zog ich durch die Gegend.

Kaum nahm ich noch wahr, dass eines Tages seine Hochzeit mit einer anderen, einer hochgestellten blonden Frau aus gutem Hause angezeigt wurde. Ich kannte sie nicht und wollte sie auch nicht kennen lernen. Ich nahm den Zustand hin. Nach seiner Hochzeit war ich zwar immer noch traurig, doch ging es mir ein wenig besser. Ich wollte nicht mehr daran denken und wieder anfangen, mich ganz auf mich zu besinnen. Und wie das Schicksal es wollte sah ich sie doch noch eines Tages. Ich war mal wieder auf dem Weg ins Dorf, und da sah ich sie, wie sie mit einem schicken Wagen an mir vorbeifuhr. Sie mussten langsam fahren, da es sich auf der Straße ein wenig staute und in dem Moment schauten wir uns an. Wie ein Blitz durchfuhr es mich, und ich fing an, wieder an ihn und auch an sie zu denken. Sie ging mir nicht mehr aus dem Kopf. Mehr und mehr war ich an den Gedanken gebunden, dass die beiden nun glücklich werden würden. Dann hörte ich auch noch, dass sie ein Kind erwartet und mir wurde schlagartig klar, dass ich all das nicht bekommen würde. Meine Welt verdunkelte sich wieder mehr und dunkle Gedanken, die ich bisher nicht von mir kannte, stiegen in mir auf. Sie lebte all das, was ich leben wollte, dachte ich, obwohl dies so ja gar nicht stimmen konnte. Mehr und mehr steigerte ich mich hinein und wurde immer verzweifelter. Kaum wusste ich noch, wie ich mich aus dieser ausweglosen Situation retten sollte. Wahrscheinlich dachte auch sie immer wieder an mich, immerhin hatte ihr Mann einen tiefen Verbund zu mir, den sie nun wahrscheinlich deutlich spürte. Doch, anstatt loszulassen, steigerte ich mich stets weiter hinein und fühlte mich meines Lebens beraubt. Ich war innerlich sehr durcheinander und spürte nur noch eine unbändige Wut in mir - die Energien steigerten sich und in einem Anfall von Wut schleuderte ich ihr alle Energien wortwörtlich ins Gesicht und wünschte mir, dass sie auf der Stelle tot sei. Danach war Stille - ich spürte, dass irgendetwas geschehen sein musste. Ich fühlte mich auf einmal einsam und alleine - die Ruhe war da, doch auch die Unsicherheit, was war passiert?

Auf diese Nachricht brauchte ich nicht lange zu warten - kurz darauf erzählte jeder im Dorf davon, dass seine Frau urplötzlich zusammengebrochen und tot sei. Eben noch stand sie stolz, den schwangeren Bauch vor sich tragend, da, und dann, dann passierte es, wie von einem Blitz getroffen sank sie zusammen und war tot. Auch das Baby war nicht mehr zu retten.

Oh Gott, dachte ich, das war ich, ja kann das denn sein? Das wollte ich nicht. Mehr und mehr sank ich in Schuldgefühle, ich verstand, was ich getan hatte und hoffte, dass man mich dafür bestrafen würde. Nur wie konnte ich das tun? Die Leute, mit denen ich mich verständigen konnte, die winkten ab, wenn ich ihnen zu erklären versuchte, dass ich Schuld am Tod dieser Frau hatte. Und all die anderen, die konnte ich nicht erreichen. Denn mit keinem konnte ich reden. Ich konnte zwar die Sprache von den Lippen ablesen, erkennen, worum es geht und mich mit Menschen, die mich gut kannten, auf meine Art und Weise unterhalten, doch jeder andere verstand mich nicht.

Mit dieser Bürde auf dem Gewissen wollte ich aber unter keinen Umständen weiterleben. Doch was konnte ich tun? Mehr und mehr nahm ich gedanklich wieder Kontakt zu dem Menschen auf, den ich von Herzen liebte und dem ich die Familie genommen hatte. Immer wieder versuchte ich ihm energetisch zu erklären, dass ich Schuld am Tod seiner Frau habe. Und dann irgendwann muss er dies wohl auch wirklich als Ahnung empfangen haben, denn eines Tages wurde ich von Soldaten abgeholt. Man beschuldigte mich, eine Hexe zu sein, und ich wurde in ein Verlies gebracht. Natürlich hatte ich Angst, als ich all die Geräte sah, die einem Schmerzen zufügen konnten, damit man geständig war, doch ich wollte es nicht anders, ich wollte für meine Tat bestraft werden. Nur kurz überlegte man, mich zu foltern, doch alle wussten, dass ich nicht sprechen konnte. Und so fragte man mich nur, ob ich mich schuldig fühlte und ich nickte mit dem Kopf. „Aus der kriegen wir eh nichts raus, was sollen wir da machen,“ dachten sie sich und ließen von einer Folterung ab. Ich wurde zum Tode durch Verbrennen verurteilt und hatte noch ein paar Tage Zeit, um mich darauf vorzubereiten. Tief im Inneren war ich glücklich, ich wollte Buße tun und ich wollte bestraft werden. Niemals hätte ich mit dieser Schuld leben können. Einige Menschen versuchten mich noch zu besuchen. So vielen tat es leid, was mir passierte. Sie dachten, ich wäre unschuldig, doch das war ich nicht und das versuchte ich ihnen auch zu vermitteln. Es ist in Ordnung für mich - doch ich glaube, keiner hatte es verstanden. Auch meine Vögel besuchten mich noch einmal. Sie kamen an mein kleines Verliesfenster und da wusste ich, morgen ist es so weit. Dann am frühen Morgen holten sie mich. Ich durfte mich waschen und musste ein weißes Gewand anziehen, dann wurde ich auf den Marktplatz gebracht; dort wo ich so gerne war, wo normalerweise die Wagen mit den Verkaufswaren standen, dort war ein Podest errichtet worden, mein Hinrichtungsplatz, auf dem ich den Tod finden sollte. Viele Menschen waren gekommen und weinten. Ich glaube, kaum einer hatte verstanden, warum es geschehen sollte und ich konnte ihnen nicht sagen, dass ich es so wollte.

Dann banden sie mich an einem Pfahl fest, unter mir jede Menge Reisig verteilt. Sie müssen wohl noch einmal den Urteilsspruch vorgelesen haben. Ich konnte es nicht sehen, da ich dem Verkünder den Rücken zugekehrt hatte, doch in den Augen der Menschen konnte ich es ablesen. Manche erhoben ihre Stimme und riefen um Gnade - doch die wollte ich nicht haben. Dann ging alles sehr schnell, das Reisig wurde angezündet und stand schnell in Flammen, ich spürte starke Schmerzen. Doch war ich auch stark genug, da ich diese Hinrichtung wollte und mich somit nicht dagegen auflehnte. Ich wollte schreien, da die Schmerzen unter meinen Füßen unerträglich zu werden schienen, ich öffnete den Mund und vernahm ein Krächzen meinerseits, dann brach ich ohnmächtig zusammen. Ich war gestorben und hatte meinen Seelenfrieden gefunden - so dachte ich zumindest.

Die Bilder in mir verstummten, ich war wieder in die heutige Zeit zurückgekehrt, lag auf meinem Bett. Ich schilderte meinem Freund all meine Erlebnisse. Auf der einen Seite war ich schon wieder hier und auf der anderen noch woanders. Ich verstand nun auf einmal, dass die blonde Frau, die ich wohl durch meine Gedankenkräfte getötet hatte, dieselbe ist, die auch in diesem Leben wieder eine Rolle für mich spielt. Ich bin nur an diese Bilder herangekommen, um zu sehen, zu was ich in der Lage bin. Immerhin sind diese gewaltigen Energien immer noch in mir drin und könnten durch solch eine Situation wieder zum Leben erweckt werden, nur dass ich das nicht will. Somit wurde mir klar, dass ich mich zukünftig mit meinem Schicksal abfinden und mir das Leben schön gestalten werde. Ich will all das leben, was in mir steckt. Hätte er damals wirklich mein Partner sein sollen, dann wäre er auch zu mir gekommen. Doch wer weiß, vielleicht wäre mir auch ein anderer über den Weg gelaufen. Nachdem ich all das erkannte und mir sicher war, dass mir nie mehr so etwas passieren würde, bekam ich meine Kraft wieder zurück. Und auch heute kann ich die Gedanken von Menschen lesen, kann Tiere verstehen und Energien lenken, doch eins ist absolut sicher, heute setze ich meine Talente für positive Zwecke ein und nicht mehr anders - ich habe daraus gelernt.

Dies war meine erste Rückführung, die ich auch erleben musste, da die Zeit dafür reif war. Bis heute ist es so, dass ich mich sehr intensiv mit Reinkarnation und vielen meiner Leben auseinander gesetzt habe. Ich wollte es wissen und habe für mich viele Erkenntnisse sammeln können, wofür ich heute absolut dankbar bin.

Wollen auch Sie mehr über sich erfahren, dann suchen Sie sich einen erfahrenen Reinkarnationstherapeuten, der Ihnen weiterhelfen kann. Doch eine Faustregel möchte ich Ihnen noch mit auf den Weg geben - Rückführungen macht man mal und doch sehr selten. Wir leben im Jetzt, Hier und Heute und sollten auch das leben, was angesagt ist. Wenn wir uns mit unserer Vergangenheit beschäftigen sollen, dann wird diese auch für uns automatisch ins Blickfeld kommen. Mit Gewalt etwas hervorlocken zu wollen, ist wohl der falsche Weg. Und sollten wir den Weg in frühere Welten wagen, dann heißt das, mal und nicht regelmäßig - alles braucht seine Zeit und darum geht es. Sollten Sie jedoch Interesse haben, dann tun sie es, es wird dann wichtig für Sie sein - viel Erfolg.

Abschluss

Nun sind wir am Ende dieses Buches angelangt. Ich hoffe, Sie haben einige Erkenntnisse über die Ebene der Reinkarnation erfahren. Es wäre schön, wenn Sie nun, angeregt über das Buch, mehr auf Ihre innere Stimme hören und die alten Gesichter wieder erscheinen lassen würden. Je mehr Sie sich mit Ihren früheren Leben auseinander setzen, desto mehr Erkenntnisse und vor allem Verständnis werden Sie für dieses Leben bekommen. Vielen Dank für Ihr Interesse und alles Gute wünsche ich Ihnen auf Ihrem Weg der Selbstfindung.

Sabine Guhr-Biermann

Zur Autorin

Die Autorin Sabine Guhr-Biermann ist im Dezember 1962 im Zeichen des Steinbocks geboren. Sie arbeitet seit 1989 als esoterisch und psychologische Lebensberaterin in eigener Praxis (der Opalia Praxis) in Neunkirchen-Seelscheid. Durch ihre medialen Fähigkeiten und auch ihr spirituelles Wissen um die energetischen Ebenen kann sie sich in kurzer Zeit einen klaren Überblick über die gelebten Strukturen ihrer Klienten verschaffen. Doch nicht nur die Gegenwart legt sie dabei offen auf den Tisch, nein, auch die Vergangenheit, Themen aus früheren Leben und gerade die daraus resultierende Zukunft sind ihr Arbeitsgebiet.

Auch auf dem Gebiet der energetischen Unternehmensberatung ist die Mutter von vier Kindern erfolgreich und hilft durch ihre medialen und astrologischen Fähigkeiten die Strukturen eines Unternehmens genau zu durchleuchten.

Seit Mitte 1999 hat Frau Guhr-Biermann sich auch der Schriftstellerei gewidmet, wobei sie schon damals vor 10 Jahren wusste, dass sie irgendwann all ihre Erfahrungen niederschreiben würde. Mittlerweile gibt es 11 Bücher von ihr. Sind Sie neugierig geworden?

Dann schauen Sie unter <www.libellen-verlag.de> auf unsere Homepage, oder fragen Sie Ihren Buchhändler nach unserer Werbebroschüre "Leseprobe" - 64 Seiten, Libellen-Verlag, ISBN 3-934982-12-3.

Das Opalia - Haus

Die Autorin Sabine Guhr-Biermann ist Gründerin der Opalia Praxis für esoterische und psychologische Lebensberatung (seit 1989) und des Opalia Hauses, in dem ein Team engagierter Therapeuten und Lebensberater ihre je unterschiedlichen spirituellen Kräfte rat- und hilfesuchenden Menschen zur Verfügung stellen. So ist das Opalia Haus ein Zentrum für alle Menschen, die sich auf ihrem Lebensweg verstrickt, verfangen oder verirrt haben, die einen geschulten Blick von außen brauchen, um wieder alleine weitergehen zu können, die ihre Lebensprobleme (seien sie nun aus diesem oder einem früheren Leben begründet) gezielt angehen und lösen wollen oder aber sich einfach nur auf ihrem spirituellem Weg Unterstützung und Begleitung wünschen. Seit jeher ist dabei die Rückführung in frühere Leben ein wesentlicher Bestandteil des energetischen Aufarbeitungsbereichs des Hauses. Die in Rückführungen gesammelte Erfahrung der tiefen Wandlungsmöglichkeit und dauerhaften Befreiung von einem aus diesem Leben nicht erklärbaren Leidensdruck erhebt diesen Weg der Problemlösung für viele Menschen zum zündenden Funken der Selbstheilung.

Möchten Sie weitere Informationen zu unserer Arbeit haben, dann melden Sie sich:

Opalia Haus
Inh. Sabine Guhr-Biermann
Hennefer Str. 60
53819 Neunkirchen-Wolperath
Tel.: 02247-8677
oder Fax: 02247-8251

Weitere Bücher von der Autorin
Sabine Guhr-Biermann

erschienen im Libellen-Verlag:

"**Der Blick ins innere Licht**"
"**Partnerschaft** -
Spiegelkabinett unserer Gefühle"
"**Mutter - Vater - Kind** -
Eine schicksalhafte Verbindung"
"**Der magische Ring** -
Praxisbuch für den energetischen Selbstschutz"
"**Die Energien im Unternehmen**"
"**Die Opalia Lichtkarten** -
Reise zur inneren Wahrheit"
"**Die Numerologie** -
Zahlenmystik zur Persönlichkeitsanalyse"
"**Die Opalia Numerologie-Karten** -
Blick in die Persönlichkeitsenergien"
"**Meine Teilpersönlichkeiten und Ich** -
Band 1- Die innere WG"
"**Lichtspiele** -
Nachgedanken von Sabine Guhr-Biermann"

Der Blick ins innere Licht

Der Blick ins innere Licht ist ein Resümee aus der jahrelangen Arbeit der Autorin als esoterisch-psychologische Lebensberaterin und Astrologin. In einem gelungenen Balanceakt zwischen Tiefgang und humorvoller Leichtigkeit nimmt dieses Buch den Leser an die Hand und führt ihn zu seiner eigenen inneren Erkenntnis. Den Blick von außen nach innen lenkend hilft es ihm, die Strukturen menschlichen Handelns zu verstehen und verdeutlicht ihm, wie negative Energieverbindungen zu anderen Menschen sein Leben beeinflussen und sein freies Handeln einschränken. So ist es denn auch ein Anliegen dieses Buches, nicht allein in der Theorie zu bleiben, sondern dem Leser auch praktisch zu vermitteln, wie er über seine eigene Betroffenheit belastende Energieverbindungen erkennen und sich von ihnen lösen kann. Der all-umfassende Erfahrungsschatz der Autorin und eine Vielzahl von Übungen und Anleitungen laden somit den Leser dazu ein, sich selbst zu begegnen, sich auf sein inneres Licht einzulassen und die Zügel für sein Leben wieder in die Hand zu nehmen. Eine Begegnung, die sein Leben verändern wird.

Ein absolut alltagsnahes und lebenspraktisches Buch voll tiefster Weisheit und Wahrheit, das einfach berühren muss. Der Leser wird sich ständig die Frage stellen, woher die Autorin ihn kennt.

Zitat einer Leserin

Buch: „Der Blick ins innere Licht“
Autorin: Sabine Guhr-Biermann
356 Seiten - Euro 15,20 ISBN 3-934982-00-X
Libellen-Verlag, Neunkirchen